아름다운 영국시 산책

| 이종문 著 |

The Passionate Shepherd to His Love
The Nymph's Reply to the Shepherd
Song:
To His Coy Mistress
To
Celia
Robert Burns
Today
If thou
must love me
Elizabeth Barrett Browning
How do I love thee?
Let me count the ways.
Thomas
Carlyle
A Birthday
Alfred Lord Tennyson
William Wordsworth
The Daffodils
Elegy Written in a Country
Churchyard The Solitary Reaper
George Gordon, Lord Byron
Leisure
Dylan Thomas

A. E. Housman
Crossing the Bar
W. B. Yeats
Sonnet 18
The Lake Isle of Innisfree
W. Shakespeare
A. E. Housman
A Red, Red Rose
The Daffodils
William Blake
Love's Secret
Christina Rossetti
Ted Hughes
Loveliest of Trees
W. H. Davies
W. H. Auden

JW 장엄문화

머리말

일반적으로 시를 읽고 이해하는 것은 어렵고 특히 영시를 감상한다는 것은 번역의 문제로 인해 더욱 부담스러운 일로 느껴진다. 대학에서 영문학을 전공하고 오랫동안 학생들과 수업을 해온 필자 역시 원문의 느낌을 그대로 살려서 전달하는 작업이 만만치 않음을 느껴왔으며, 이러한 고민은 이 책의 집필로 이어지게 되었다.

『아름다운 영국시 산책』은 영미문학 전공자뿐만 아니라 시에 관심이 있는 일반 독자들이 영시에 접근하기 쉽도록 구성되어 있다. 먼저 이 책은 영국 문학의 전통에 위대한 족적을 남긴 시인들의 대표적인 작품 50편을 선정하고, 시인에 대한 간략한 정보와 정확한 시 원문을 제공한다. 그리고 각 작품에 대한 상세한 해설을 덧붙임으로써 시를 감상하는데 도움을 주고자 한다. 아무쪼록 이 책이 독자들에게 아름다운 영시의 전통과 흐름을 이해하고 메마른 일상에서 시적인 감성을 회복할 수 있는 작은 해설서가 되기를 바란다. 끝으로 오랫동안 필자의 책을 출판해주신 장원문화의 원병철 사장님께 감사드린다.

목 차

1. The Passionate Shepherd to His Love ················· Christopher Marlowe 6
2. The Nymph's Reply to the Shepherd ················· Sir Walter Ralegh 10
3. Macbeth ················· William Shakespeare 14
4. Hamlet ················· William Shakespeare 16
5. A Midsummer Night Dream ················· William Shakespeare 20
6. Sonnet 18 ················· William Shakespeare 24
7. A Valediction: Forbidding Mourning ················· John Donne 26
8. Holy Sonnet 10 ················· John Donne 32
9. Song: To Celia ················· Ben Jonson 34
10. To the Virgins, to Make Much of Time ················· Robert Herrick 36
11. Easter Wings ················· George Herbert 38
12. The Retreat ················· Henry Vaughan 40
13. To His Coy Mistress ················· Andrew Marvell 44
14. The Tyger ················· William Blake 50
15. Love's Secret ················· William Blake 54
16. Elegy Written in a Country Churchyard ················· Thomas Gray 56
17. The Solitary Reaper ················· William Wordsworth 62
18. Strange fits of passion have I known ················· William Wordsworth 66
19. My heart leaps up ················· William Wordsworth 70
20. The Daffodils ················· William Wordsworth 72
21. A Red, Red Rose ················· Robert Burns 76
22. The Rime of the Ancient Mariner ················· Samuel Taylor Coleridge 78
23. She walks in beauty ················· George Gordon, Lord Byron 92
24. Ozymandias ················· Percy Bysshe Shelley 94
25. On First Looking into Chapman's Homer ················· John Keats 96

26. Break, Break, Break	Alfred Lord Tennyson	98
27. Crossing the Bar	Alfred Lord Tennyson	100
28. "Tears, Idle Tears"	Alfred Lord Tennyson	102
29. Dying Speech of an Old Philosopher	Walter Savage Landor	104
30. Today	Thomas Carlyle	106
31. Meeting At Night	Robert Browning	108
32. Pippa Passes	Robert Browning	110
33. Sonnet 14	Elizabeth Barrett Browning	112
34. Sonnet 43	Elizabeth Barrett Browning	114
35. Pied Beauty	Gerard Manley Hopkins	116
36. Spring	Gerard Manley Hopkins	118
37. A Birthday	Christina Rossetti	120
38. Neutral Tones	Thomas Hardy	122
39. The Falling of the Leaves	W. B. Yeats	124
40. The Lake Isle of Innisfree	W. B. Yeats	126
41. The Wild Swans at Coole	W. B. Yeats	128
42. When You Are Old	W. B. Yeats	132
43. He Wishes for the Cloths of Heaven	W. B. Yeats	134
44. Piano	D. H. Lawrence	136
45. Loveliest of Trees	A. E. Housman	138
46. Leisure	W. H. Davies	140
47. Come, live with me and be my love	Cecil Day Lewis	142
48. Musée des Beaux Arts	W. H. Auden	144
49. The Force That Through the Green Fuse Drivers the Flower	Dylan Thomas	146
50. The Thought-Fox	Ted Hughes	148

1. The Passionate Shepherd to His Love

Christopher Marlowe

Come live with me and be my love,
And we will all the pleasures prove,
That Valleys, groves, hills, and fields,
Woods, or steepy mountain yields.

And we will sit upon the Rocks,
Seeing the Shepherds feed their flocks,
By shallow Rivers to whose falls
Melodious birds sing Madrigals.

And I will make thee beds of Roses
And a thousand fragrant posies,
A cap of flowers, and a kirtle
Embroidered all with leaves of Myrtle;

1. 열정적인 목동이 사랑하는 여인에게

Christopher Marlowe(1564 - 1593)는 Elizabeth 시대의 극작가, 시인, 번역가로서 어떤 학자들은 그를 William Shakespeare에게 큰 영향을 끼친 작가로 생각한다.
이 시에 대한 답가가 John Donne, Robert Herrick, William Carlos Williams, Dorothy Parker 등 많은 작가들에게서 나왔지만, 그중에서 가장 유명한 시는 Sir Walter Ralegh의 "The Nymph's Reply to the Shepherd"로서 이 시는 시간의 파괴성을 지적하며 Marlowe의 세계를 거부한다.
1연에서 시인은 사랑하는 여인에게 자신의 사랑을 받아 주고 함께 살면서 모든 즐거움, 즉 골짜기, 삼림, 언덕, 들판, 숲, 가파른 여러 산 등의 대자연이 베풀어 주는, 을 경험해 보자고 제안한다.
2연에서 시인은 그녀와 함께 바위 위에 앉아서 얕은 강가에서 양 떼를 먹이는 목동들을 보고, 그 여울물 소리에 맞춰 새들의 아름다운 노래를 듣자고 제안한다. 3연에서 시인은 그녀에게 장미꽃으로 침대를 만들어주고, 천 송이의 향기로운 꽃다발, 꽃 모자, 도금양 꽃잎으로 수놓은 스커트를 만들어 주겠다고 말한다.

A gown made of the finest wool
Which from our pretty Lambs we pull;
Fair lined slippers for the cold,
With buckles of the purest gold;

A belt of straw and Ivy buds,
With Coral clasps and Amber studs:
And if these pleasures may thee move,
Come live with me, and be my love.

The Shepherds' Swains shall dance and sing
For thy delight each May-morning:
If these delights thy mind may move,
Then live with me, and be my love.

4연에서 시인은 귀여운 어린 양에서 뽑은 가운, 추위 때문에 부드러운 털로 안을 댄 덧신을 순금 버클로 장식하겠다고 말한다.
5연에서 시인은 밀짚과 싹트는 담쟁이로 만든 벨트를 산호고리와 호박 단추로 장식하면서 이런 즐거움이 그녀를 감동시킨다면 와서 함께 살고 자신의 사랑을 받아달라고 제안한다.
6연에서 시인은 오월의 아침마다 그녀를 기쁘게 하기 위해 시골 목동들로 하여금 춤추며 노래 부르도록 만들며 이런 기쁨이 그녀를 감동시킨다면, 와서 함께 살고 자신의 사랑을 받아달라고 고백한다.

2. The Nymph's Reply to the Shepherd

Sir Walter Ralegh

If all the world and love were young,
And truth in every Shepherd's tongue,
These pretty pleasures might me move,
To live with thee, and be thy love.

The flowers do fade, and wanton fields,
To wayward winter reckoning yields,
A honey tongue, a heart of gall,
Is fancy's spring, but sorrow's fall.

Thy gowns, thy shoes, thy beds of Roses,
Thy cap, thy kirtle, and thy posies
Soon break, soon wither, soon forgotten:
In folly ripe, in reason rotten.

2. 목동에게 보내는 처녀의 대답

Sir Walter Ralegh는 Devon에서 신교도 가정에서 태어났으며, 작가, 시인, 군인, 정치가, 스파이, 탐험가로서 Elizabeth 시대의 가장 유명한 인물 중 한 명이다.

1596년에 발표된 Sir Walter Ralegh의 이 시는 Christopher Marlowe의 "The Passionate Shepherd to His Love"에 대한 답시이며 패러디라고 할 수 있다. Ralegh는 님프의 대답을 통해 목가적인 삶을 노래하는 목동의 열정적인 사랑 고백을 거부한다. 20세기 미국 시인인 William Carlos Williams는 "Raleigh was Right"라는 시를 통해 이러한 시적인 논쟁에 참여한 바 있다.

1연에서 시인은 모든 세상과 사랑이 변함없이 젊고 모든 목동의 말이 진실이라면, 목동의 사랑을 받아들일 것이라고 전제한다.

2연에서 시인은 시간이 모든 것을 몰아산다고 말하며 시간의 파괴성을 지적한다. 강물이 사나워지고 바위가 차가워질 때 시간은 양떼를 들에서 우리로 몰아가고, 나이팅게일 새는 입을 다물고, 남은 새들도 앞으로 다가올 시름을 한탄한다고 말한다.

3연에서 시인은 시간이 지나면 꽃들도 시들고, 우거진 들판 역시 닥쳐오는 심술궂은 겨울에 굴복하고, 달콤한 말도 쓰디쓴 마음이 되고, 환상의 봄이 슬픔의 가을이 된다고 말하면서 이 모든 것이 시간이 지나면 일어날 변화라고 주장한다.

Thy gowns, thy shoes, thy beds of Roses,
Thy cap, thy kirtle, and thy posies
Soon break, soon wither, soon forgotten:
In folly ripe, in reason rotten.

Thy belt of straw and Ivy buds,
The Coral clasps and amber studs,
All these in me no means can move
To come to thee and be thy love.

But could youth last, and love still breed,
Had joys no date, nor age no need,
Then these delights my mind might move
To live with thee, and be thy love.

4연에서 Christopher Marlowe가 "The Passionate Shepherd to His Love"에서 사랑하는 여인을 위해 가운, 신발, 장미꽃 침대, 모자, 스커트, 꽃다발을 만들어주겠다고 했지만, 시간이 지나면 이 모든 것들은 곧 부서지고, 시들고, 잊혀진다고 말한다.

5연에서 Marlowe가 사랑하는 여인을 위해 밀짚과 싹트는 담쟁이 벨트, 산호고리와 그리호박 단추를 해주겠다고 했지만 그것들 역시 시간이 지나면 없어질 수 있는 것이기 때문에
이 모든 것이 자신의 마음을 결코 움직이지 않아서 사랑을 받아들일 수 없다고 말한다.

6연에서 시인은 "만약 젊음이 오래 가고 사랑이 언제까지나 번식하고, 기쁨이 끝이 없고 늙어서 아쉬움이 없다면," 그때는 목동이 노래한 이들 기쁨이 자신의 마음을 움직여서 함께 살고 목동의 사랑이 되겠지만, 그렇지 않기 때문에 사랑을 받아들일 수 없다고 말한다.

3. Macbeth

William Shakespeare

Out, out, brief candle!
Life's but a walking shadow, a poor player
That struts and frets his hour upon the stage
And then is heard no more: it is a tale
Told by an idiot, full of sound and fury,
Signifying nothing.

3. 맥베스

Macbeth 5막 5장에서, Seyton이 등장하여 왕비 Lady Macbeth가 죽었다는 소식을 전하는데, 그녀가 자살을 했는지는 분명히 드러나지 않는다. 이 소식을 듣고 충격에 빠진 맥베스는 비관적인 절망 속에 빠져서 삶의 무의미함을 독백한다. Macbeth는 우리의 짧은 인생을 한 자루의 촛불에 비유하며, 덧없는 인생을 초가 타들어가서 짧아진다고 묘사한다. 또한 Macbeth는 우리의 인생을 연극에 비유하며 "삶은 단지 걸어가는 그림자에 불과할 뿐"이라고 말한다. 연극 무대에서 불쌍한 배우가 자신에게 맡겨진 역할에 따라 뽐내기도 하고 초조해하기도 하다가 연극이 끝나고 나면 더 이상 연극배우의 목소리는 들리지 않는다. 마지막으로 Macbeth는 우리의 인생을 한 편의 이야기에 비유하며 마치 백치가 소리와 분노로 가득한 상태에서 말하는 아무 의미도 없는 이야기라고 말하며 삶에 대한 허무주의적인 시각을 보여준다.

4. Hamlet

William Shakespeare

To be, or not to be: that is the question:
Whether 'tis nobler in the mind to suffer
The slings and arrows of outrageous fortune,
Or to take arms against a sea of troubles,
And by opposing end them? To die: to sleep;
No more; and by a sleep to say we end
The heart-ache and the thousand natural shocks
That flesh is heir to, 'tis a consummation
Devoutly to be wish'd. To die, to sleep;
To sleep: perchance to dream: ay, there's the rub;
For in that sleep of death what dreams may come
When we have shuffled off this mortal coil,
Must give us pause: there's the respect

4. 햄릿

Hamlet 3막 1장에서 Hamlet은 인간의 삶의 고통스러운 갈등을 끝내기 위해서 자살을 선택해야 할지 고뇌한다. 우리가 너무나 잘 알고 있는 "To be, or not to be: that is the question"(III.i.58)이라는 Hamlet의 독백은 "적극적인 항거의 의도가 있는가?"라는 문제와 관련해서 이해해야 한다. E. Dowden에 의하면, 악에 적극적으로 항거하다가 죽는다면 죽음 이후의 상황을 모르기 때문에 두렵고, 반대로 악에 수동적으로 인내한다면 살면서 겪어야만 하는 참을 수 없는 일들이 너무나 많기때문에, Hamlet의 결정은 지연되고 우유부단해진다는 것이다.

"죽느냐 사느냐" 어떤 것이 더 고귀한가를 물었을 때 "적극적인 항거"의 의도에 근거해서 두 가지 답변이 있을 수 있다. 그것은 "참혹한 운명의 돌팔매와 화살을 참을 것인가, 아니면 무기를 들고 무수한 고통과 싸워서 그것을 끝내버리는 것인가"이다.

"죽는 것은 - 잠을 자는 것"인데, 만약 잠을 자서 육체가 물려받은 마음의 고통과 수많은

타고난 고통을 끝낼 수 있다면, 그것은 바라는 완성이다. 그러나 "죽는 것은 잠을 자는 것" 그리고 "잠을 자는 것은 아마도 꿈을 꾸는 것"이라고 한다면 거기에 장애가 있다. 즉 죽음의 잠 속에서 어떤 꿈을 꿀지를 모른다는 것이다. 그렇기때문에 인간의 굴레, 즉 떠들썩한 인간 세상을 벗어버릴 때 머뭇거리게 된다.

That makes calamity of so long life;
For who would bear the whips and scorns of time,
The oppressor's wrong, the proud man's contumely,
The pangs of despised love, the law's delay,
The insolence of office and the spurns
That patient merit of the unworthy takes,
When he himself might his quietus make
With a bare bodkin? who would fardels bear,
To grunt and sweat under a weary life,
But that the dread of something after death,
The undiscover'd country from whose bourn
No traveller returns, puzzles the will
And makes us rather bear those ills we have
Than fly to others that we know not of?
Thus conscience does make cowards of us all;
And thus the native hue of resolution
Is sicklied o'er with the pale cast of thought,
And enterprises of great pith and moment
With this regard their currents turn awry,
And lose the name of action. -

오래 살게 될 때 삶의 "재앙이 되는 근심"이 있는데, 누가 이 세상의 "채찍과 조롱, 압제자의 학대, 오만한 자의 무례, 멸시받은 사람의 고통, 법(재판)의 지연, 관리들의 오만, 가치있는 사람이 무가치한 사람에게 참는 멸시"를 견딜 수 있는가? 그러나 이 세상의 견딜 수 없는 싫은 일들이 많지만. "경계에서 어떤 여행자도 돌아오지 못한 미지의 나라" 즉, "죽음 이후의 세계에 대한 두려움"이 어떤 일이 일어날지 모르기 때문에 의지를 혼란스럽게 만들고 "우리가 모르는 불행으로 도망가는 것보다, 우리가 갖고있는 재난을 오히려 견딜 수 있도록 만들 수 있다"는 것이다. 그래서 "지나친 생각은 우리 모두를 비겁한 자로 만들고", "결단의 원래의 색조가 창백한 생각의 색조로 퇴색되고", 이런 근심으로 인해 크고 중요한 계획도 그 흐름이 뒤틀려버리고, 결국 "행동이라는 이름을 잃어버린다"는 것이다.

5. A Midsummer Night Dream

William Shakespeare

ACT I
SCENE I

Athens. The palace of THESEUS

Enter THESEUS, HIPPOLYTA, PHILOSTRATE,
and ATTENDANTS

THESEUS
Now, fair Hippolyta, our nuptial hour
Draws on apace; four happy days bring in
Another moon; but, O, methinks, how slow
This old moon wanes! She lingers my desires,
Like to a step-dame or a dowager,
Long withering out a young man's revenue.

HIPPOLYTA
Four days will quickly steep themselves in night;
Four nights will quickly dream away the time;
And then the moon, like to a silver bow
New-bent in heaven, shall behold the night
Of our solemnities.

THESEUS
Go, Philostrate,
Stir up the Athenian youth to merriments;
Awake the pert and nimble spirit of mirth;
Turn melancholy forth to funerals;
The pale companion is not for our pomp. Exit PHILOSTRATE
Hippolyta, I woo'd thee with my sword,
And won thy love doing thee injuries;
But I will wed thee in another key,
With pomp, with triumph, and with revelling.

5. 한여름 밤의 꿈

A Midsummer Night Dream 1막 1장에서 Theseus는 아테네에 있는 자신의 왕궁에서 Hippolyta와 결혼을 준비한다. 그는 Amazon과의 싸움에서 이긴 후 그들의 여왕인 Hippolyta를 포로로 데려왔고 이제 4일 후에 성대한 결혼식을 올리기 위해 Philostrate에게 준비를 명령한다.

Theseus는 행복한 4일 후에 결혼식이 다가오는데, "저 낡은 달은 얼마나 느리게 기울고 있는지, 마치 계모나 과부가 젊은이의 유산 상속을 오랫동안 보류시키는 것처럼" 달이 자신의 욕망을 질질 끌고 있다고 말하며 결혼식을 애타게 기다리고 있다. 그러자 Hippolyta는 "나흘 낮은 빨리 밤 속으로 파묻히고, 나흘 밤은 빨리 꿈결처럼 지나갈 거에요"라고 말하며 Theseus를 진정시킨다. Theseus는 Philostrate에게 "아테네의 청년들을 여흥으로 몰고 가고, 활발하고 민첩한 웃음의 기운을 일깨우고, 우울한 마음은 장례식에 보내라"고 명령한다. Theseus는 Hippolyta에게 "나는 칼로 그대에게 구애했고 당신에게 상처를 입히면서 사랑을 얻었다"고 말하는데, 아마도 Amazon과의 전쟁 중에 Theseus가 Hippolyta를 만난 것으로 보인다.

HELENA

And even for that do I love you the more.
I am your spaniel; and, Demetrius,
The more you beat me, I will fawn on you:
Use me but as your spaniel, spurn me, strike me,
Neglect me, lose me; only give me leave,
Unworthy as I am, to follow you.
What worser place can I beg in your love,--
And yet a place of high respect with me,--
Than to be used as you use your dog?

DEMETRIUS

Tempt not too much the hatred of my spirit;
For I am sick when I do look on thee.

HELENA

And I am sick when I look not on you.

Helena는 Demetrius에게 "나는 당신의 애완견이에요, 그리고 Demetrius, 당신이 나를 때리면 때릴수록 나는 당신에게 아양을 떨 거예요. 애완견처럼 나를 다루고, 나를 걷어차고, 나를 때리세요"라고 말하며, 자신을 무시하고 자신을 버리고, 단지 그를 따를 수 있도록 허락해 달라고 간청한다. 그러나 Demetrius는 "내 마음의 증오를 너무 많이 부추기지 마라"고 하며 그녀를 볼 때 구역질이 난다고까지 말하자, Helena는 오히려 Demetrius를 보지 않을 때 구역질이 난다고 대답한다.

6. Sonnet 18

William Shakespeare

Shall I compare thee to a summer's day?
Thou art more lovely and more temperate:
Rough winds do shake the darling buds of May,
And summer's lease hath all too short a date:
Sometime too hot the eye of heaven shines,
And often is his gold complexion dimm'd;
And every fair from fair sometime declines,
By chance, or nature's changing course, untrimm'd;
But thy eternal summer shall not fade
Nor lose possession of that fair thou ow'st;
Nor shall Death brag thou wander'st in his shade,
When in eternal lines to time thou grow'st;
So long as men can breathe or eyes can see,
So long lives this, and this gives life to thee.

6. 소네트 18

"Shall I compare thee to a summer's day?"로 더 잘 알려진 Sonnet 18은 Shakespeare의 Sonnet 154편 중에서 가장 많은 사랑을 받는 시이다. 시인은 사랑하는 사람을 한 "여름날"에 비교해야 하는지 질문하고, 그 다음 11줄은 그러한 비교를 하는데 전념한다. 시인은 사랑하는 사람이 더 아름답고 따뜻하다고 말한 후 그 이유를 설명하기 시작한다. 시인은 "거친 바람이 오월의 귀여운 꽃봉오리를 흔들고, 여름의 기한은 너무 짧은 날"이며 아름다운 모든 것이 우연이든 아니면 계절의 변화같은 자연의 불가피한 변화로 인해 시들어 버린다고 말한다. 그러나 시인은 여름과 사랑하는 사람이 다른 점을 알려주는데, 사랑하는 사람의 여름날은 아름다움을 잃지 않고, 행복하고 아름다운 시간은 흐려지지 않을 것이라고 주장한다. 더욱이 죽음도 사랑하는 사람이 그 죽음의 그늘 속에서 방황한다고 자랑하지 못할 것이며, 사랑하는 사람을 데려가지 못한다고 말한다. 그 이유는 사랑하는 사람이 영원한 시 속에 존재하고 시가 그에게 생명을 주기 때문이라고 결론을 내린다.

7. A Valediction: Forbidding Mourning

John Donne

As virtuous men pass mildly away,
　And whisper to their souls to go,
Whilst some of their sad friends do say
　The breath goes now, and some say, No:

So let us melt, and make no noise,
　No tear-floods, nor sigh-tempests move;
'Twere profanation of our joys
　To tell the laity our love.

Moving of th' earth brings harms and fears,
　Men reckon what it did, and meant;
But trepidation of the spheres,
　Though greater far, is innocent.

7. 슬퍼함을 금하는 고별사

John Donne(1572-1631)은 17세기 작가, 정치가, 변호사, 성직자였는데, 이 시는 1612년 John Donne이 외교적인 일을 맡아서 프랑스로 여행을 떠나며 아내 Anne More Donne와 헤어질 때 "슬퍼함을 금하는 고별사"를 쓴다. Donne은 여행을 떠나기 전 불길한 예감이 들었는데, 결국 그의 여행 기간에 아내가 사산을 하게 된다.

먼저 이 시의 화자는 "고결한 사람"이 조용히 세상을 떠나는 이미지를 보여주며, 그가 죽음을 두려워하지 않고 받아들이고 평화롭게 세상을 떠난다고 말한다. 반면에 그의 죽음을 슬퍼하는 친구들은 그가 아직 죽었는지 살았는지에 대해 다른 의견을 말하며 소동을 일으킨다.

사랑하는 사람을 떠나야 하지만, 시인은 "눈물의 홍수도, 한숨의 폭풍우도 일으키지 말자"고 말하는데, 그것은 "속인들에게 우리의 사랑을 말하는 것은 우리의 기쁨을 모욕하는 것"이기 때문이다.

Dull sublunary lovers' love
   (Whose soul is sense) cannot admit
Absence, because it doth remove
   Those things which elemented it.

But we by a love so much refined,
   That our selves know not what it is,
Inter-assured of the mind,
   Care less, eyes, lips, and hands to miss.

Our two souls therefore, which are one,
   Though I must go, endure not yet
A breach, but an expansion,
   Like gold to airy thinness beat.

시인은 "우둔한 달 아래의 연인들의 사랑"의 정수는 감각, 즉 육체적인 것이기 때문에 물리적인 거리를 의미하는 부재를 받아들일 수 없다고 말한다. 그러나 시인의 사랑은 사랑에 의해 너무나 순화되어서 서로의 마음을 믿기 때문에 "눈과 입술과 손이 없는 것을 상관하지 않고" 잠시 동안의 이별을 슬퍼할 일이 아니라고 말한다. 비록 시인이 떠날지라도 그들의 "두 영혼은 여전히 하나"이고, 마치 금을 공기처럼 얇게 쳐서 늘인 것처럼, 그들은 "단절"을 경험하는 것이 아니라 "확장"을 경험하고 있다는 것이다.

If they be two, they are two so
   As stiff twin compasses are two;
Thy soul, the fixed foot, makes no show
   To move, but doth, if the other do.

And though it in the center sit,
   Yet when the other far doth roam,
It leans and hearkens after it,
   And grows erect, as that comes home.

Such wilt thou be to me, who must,
   Like th' other foot, obliquely run;
Thy firmness makes my circle just,
   And makes me end where I begun.

시인은 이러한 두 사람의 관계를 컴퍼스에 비유하면서, 만약 그들의 영혼이 분리되어 있다면 그것은 그들이 "컴퍼스의 두 발"과 같다고 말한다. 컴퍼스의 한 발이 "고정된 다리"이기 때문에 움직이는 것은 보이지 않지만, "다른 다리"가 멀리 움직이면 그 움직임을 따라 "귀를 기울이듯이" 움직이고, "다른 다리"가 집으로 오면 "고정된 다리"는 꼿꼿이 서게 된다는 것이다.
이와 같이 "고정된 다리"를 집에 있는 아내이라고 한다면 "다른 다리"는 집을 떠나 여행하거나 일을 하는 남편의 다리라고 할 수 있으며, 아내의 "확고함"이 남편의 "원을 올바르게 만들고", 남편이 시작한 곳에서 끝나게 한다는 의미는 남편이 여행이나 일을 끝내고 집에 있는 아내의 곁으로 돌아온다고 볼 수 있다.

8. Holy Sonnet 10

John Donne

Death, be not proud, though some have called thee
Mighty and dreadful, for thou are not so;
For those whom thou think'st thou dost overthrow
Die not, poor Death, nor yet canst thou kill me.
From rest and sleep, which but thy pictures be,
Much pleasure; then from thee much more must flow,
And soonest our best men with thee do go,
Rest of their bones, and soul's delivery.
Thou'art slave to fate, chance, kings, and desperate men,
And dost with poison, war, and sickness dwell,
And poppy'or charms can make us sleep as well
And better than thy stroke; why swell'st thou then?
One short sleep past, we wake eternally,
And death shall be no more; Death, thou shalt die.

8. Holy Sonnet 10

"Holy Sonnet 10"은 "Death, Be Not Proud"라는 제목으로 잘 알려져 있으며 John Donne의 종교적인 신념으로 인생의 가장 큰 질문인 죽음을 다루고 있는 시이다.

사람들은 죽음을 의인화시켜서 "강하고 무섭다"고 하지만 시인은 죽음에게 "뽐내지 말라"고 경고한다. 죽음이 사람들을 멸망시키는 힘을 갖고는 있지만, 죽음이 영원한 삶을 믿는 시인을 죽일 수 없기 때문에 "불쌍한 죽음"일 뿐이다. "죽음의 그림에 불과한 휴식과 잠"에서 많은 즐거움이 나오고, "죽음"에서 훨씬 더 많은 기쁨이 흐를 것이라고 예상한다. 그리고 기꺼이 우리의 최고의 사람들이 "죽음과 함께" 가서 그들의 "육체의 안식과 영혼의 해방"을 얻는다. 죽음은 또한 "운명, 우연, 왕, 자포자기한 사람들의 노예"이고, "독약, 전쟁, 질병"과 함께 산다. 시인은 죽음이 어루만지는 것보다 "양귀비나 마법이 우리를 더 잘 잠들게 할 수 있는데", 왜 죽음이 뽐내는지 반문한다. 시인은 우리가 잠깐 잠을 한 번 자고 나면 우리는 영원히 깨어나고, 영원한 삶이 오면 죽음은 더 이상 아무 의미없을 것이라고 말하며 "죽음아, 너도 죽을 것이다"라고 경고하며 시를 맺는다.

9. Song: To Celia

Ben Jonson

Drink to me only with thine eyes,
And I will pledge with mine:
Or leave a kiss but in the cup,
And I'll not look for wine.
The thirst that from the soul doth rise
Doth ask a drink divine:
But might I of Jove's nectar sup,
I would not change for thine.
I sent thee late a rosy wreath,
Not so much honoring thee,
As giving hope, that there
It could not withered be.
But thou thereto didst only breathe
And sent it back to me;
Since when it grows and smells, I swear,
Not of itself, but thee.

9. Celia에게 부르는 노래

Ben Jonson(1572 - 1637)은 극작가이자 시인으로서 James 1세의 통치기간 동안 William Shakespeare 다음으로 두 번째로 중요한 영국 극작가이며 대표적인 왕당파 시인으로 간주된다.

이 시에서 시인은 Celia라는 여성을 막 사랑하기 시작하며 그녀에게 사랑을 고백하는 짧은 독백을 한다. 시인은 1연에서는 와인을, 2연에서는 장미를 사용하는데, 먼저 그녀에게 잔을 들어 건배하는 대신에 "그녀의 눈으로만 축배를 들어주고" 자신은 자신의 눈으로 축배를 들겠다고 말한다. 그는 계속해서 "영혼에서 생기는 갈증은 신들이 마시는 술을 찾는다. 내가 Jove의 넥타를 마실 수 있다 한들 그대의 것과는 바꾸지 않을 것"이라고 말하며 그녀에 대한 사랑의 갈증은 신들이 마시는 가장 신성한 술에 의해서만 달랠 수 있다고 표현한다.

2연에서 시인은 자신의 사랑을 표현하기 위해 장미 꽃다발을 그녀에게 보냈는데, 그것은 꽃이 그녀를 영광스럽게 하기보다는 꽃이 그녀에게 가면 시들지 않을 것이라고 생각해서였다. 그러나 그녀는 꽃다발 간직하는 대신 향기만 맡고 즉시 되돌려 보낸다. 그러나 그 꽃은 시들지 않고 "자라고 향기가 나는데", 아마도 그 꽃의 향기를 맡은 Celia가 그것에 영원한 생명을 부여한 것처럼 보인다. 결국 사랑의 선물로 보낸 장미꽃 화환이 시인에게 돌아오면서 그의 사랑 고백은 결실이 없는 것으로 드러난다.

10. To the Virgins, to Make Much of Time

Robert Herrick

Gather ye rosebuds while ye may,
   Old Time is still a-flying;
And this same flower that smiles today
   Tomorrow will be dying.

The glorious lamp of heaven, the sun,
   The higher he's a-getting,
The sooner will his race be run,
   And nearer he's to setting.

That age is best which is the first,
   When youth and blood are warmer;
But being spent, the worse, and worst
   Times still succeed the former.

Then be not coy, but use your time,
   And while ye may, go marry;
For having lost but once your prime,
   You may forever tarry.

10. 처녀들에게, 시간을 잘 이용하라

Robert Herrick(1591 – 1674)은 17세기 왕당파 시인이며 목사로서 시집인 Hesperides로 널리 알려져 있다. 이 시집에는 "Gather ye rosebuds while ye may"라는 첫 줄로 유명한 "To the Virgins, to Make Much of Time"가 포함되어 있는데, 현재 인생의 쾌락을 즐기자는 뜻의 라틴어 "carpe diem"(Seize the day)의 주제를 다루고 있다.

이 시는 시간이 빨리 지나가기 전에 할 수 있는 한 쾌락을 즐기라는 내용을 담고 있으며, 이 시에서 "장미꽃 봉우리"는 젊음과 아름다움을 상징한다. 시인은 장미꽃 봉우리가 다음 날 사라지고 하늘 높이 떠 있는 태양도 저무는 것처럼, 정조를 지키려는 아름다운 여성들에게 "수줍어하지 말고, 너의 시간을 잘 사용"해서 짧은 인생을 즐기라고 권하고 있다.

11. Easter Wings

George Herbert

Lord, who createdst man in wealth and store,
Though foolishly he lost the same
Decaying more and more,
Till he became
Most poor:
With thee
O let me rise
As larks, harmoniously,
And sing this day thy victories:
Then shall the fall further the flight in me.

My tender age in sorrow did begin:
And still with sicknesses and shame
Thou didst so punish sin,
That I became
Most thin.
With thee
Let me combine,
And feel this day thy victory:
For, if I imp my wing on thine,
Affliction shall advance the flight in me.

11. 부활절 날개

George Herbert(1593-1633)는 연설가, 영국 국교회의 성직자, 형이상학파 시인이었지만, 그의 시는 대부분 종교적 신앙을 표현하는 종교시이다. 그는 좋은 교육을 받고 1609년에 신부가 되기 위해 Cambridge의 Trinity College에 입학했으며, 대학의 대표 웅변사가 된다. 그는 30대 중반에 세속적인 야망을 포기하고 시골 교구의 작은 교회에서 남은 여생을 보낸다. Henry Vaughan은 그를 "가장 영광스러운 성인이자 예언자"라고 불렀으며, 그는 39세에 폐병으로 사망했다.

"부활절 날개"는 Herbert의 사후에 발표된 시집인 The Temple (1633)에 수록되어 있으며, 그리스 신화에 등장하는 Cupid의 날개를 형상화하고 있다. 이 시는 예수 그리스도의 속죄에 초점을 맞춘 종교적인 묵상으로서, '절망과 희망, 타락과 구원, 죽음과 부활'의 주제를 보여준다. 1연에서 시인은 주님께서 인간을 "부유하고 풍성하게" 창조하셨지만 인류 전체가 불쌍해져서 "그리스도와 함께 자신을 일으켜 달라고" 기원한다. 그때 "타락이 자신 안의 비상을 더 촉진"시킬 것이라고 말한다. 1연에서 시인은 어린 시절을 슬픔 속에서 시작하고 "아직도 병과 수치"로 벌을 받아 가장 여위었지만 그리스도의 희생으로 "자신의 날개를 그리스도의 날개에 접붙이면" 고통이 자신 안의 "비상을 촉진"시켜서 그와 함께 비상하려는 염원을 말하고 있다.

12. The Retreat

Henry Vaughan

Happy those early days! when I
Shined in my angel infancy.
Before I understood this place
Appointed for my second race,
Or taught my soul to fancy aught
But a white, celestial thought;
When yet I had not walked above
A mile or two from my first love,
And looking back, at that short space,
Could see a glimpse of His bright face;
When on some gilded cloud, or flower
My gazing soul would dwell an hour,
And in those weaker glories spy
Some shadows of eternity;
Before I taught my tongue to wound
My conscience with a sinful sound,
Or had the black art to dispense
A several sin to every sense,
But felt through all this fleshly dress
Bright shoots of everlastingness.

12. 회귀

Henry Vaughan (1621 – 1695)은 형이상학파 시인, 작가, 번역가 및 의사로 활동했으며, 주로 George Herbert의 종교시의 영향을 받아 쓴 종교시로 유명하다. 그는 짧은 도덕적 및 종교적 작품과 두 개의 의학 논문을 번역했고, 1650년대에는 고향에서 의사로서 개업을 했다.

"유년으로의 회귀"에서 시인은 1연에서 "어린 시절이 행복"했고 순수한 축복의 세계로 기억한다. 시인은 그리스도를 "첫 사랑"이라고 말하며 "1. 2마일 넘게는 걸어오지 않았으며, 그 짧은 거리에서 되돌아보면, 그분의 찬란한 얼굴을 흘끗 볼 수 있었다"고 떠올리며 신에게 더 가까웠다고 말한다.

O how I long to travel back,
And tread again that ancient track!
That I might once more reach that plain
Where first I left my glorious train,
From whence th' enlightened spirit sees
That shady city of palm trees.
But, ah! my soul with too much stay
Is drunk, and staggers in the way.
Some men a forward motion love;
But I by backward steps would move,
And when this dust falls to the urn,
In that state I came, return.

시인은 2연에서 신앙심이 깊었고 행복한 어린 시절로 돌아가기를 염원하지만, "내 영혼은 너무 오래 머물러, 술에 취해 길에서 비틀거린다"고 탄식한다. 그는 어떤 사람은 앞으로 나아가는 것을 좋아하지만 자신은 "뒤쪽으로 돌아가고" 싶다고 말하며, 특히 자신의 육체가 "유골함"에 들어갈 때 "자신이 왔던 그 상태로 되돌아가고" 싶어하지만, 성인이 된 지금은 어린 시절을 다시 볼 수도 없고 되돌아갈 수도 없는 세계라고 인식한다.

13. To His Coy Mistress

Andrew Marvell

Had we but world enough and time,
This coyness, lady, were no crime.
We would sit down, and think which way
To walk, and pass our long love's day.
Thou by the Indian Ganges' side
Shouldst rubies find; I by the tide
Of Humber would complain. I would
Love you ten years before the flood,
And you should, if you please, refuse
Till the conversion of the Jews.
My vegetable love should grow
Vaster than empires and more slow;
An hundred years should go to praise
Thine eyes, and on thy forehead gaze;
Two hundred to adore each breast,
But thirty thousand to the rest;
An age at least to every part,
And the last age should show your heart.
For, lady, you deserve this state,
Nor would I love at lower rate.

13. 수줍어하는 여인에게

Andrew Marvell(1621 - 1678)은 시인이자 정치가로서, "수줍어하는 여인에게"는 그의 가장 훌륭한 'carpe diem' 시로 인정받는다. 그는 이러한 모티브를 통해 연인에게 자신의 사랑을 받아들이고 쾌락을 즐기자고 말한다. 이 시를 쓴 날짜는 알려지지 않았지만, Marvell이 은퇴한 장군인 Sir Thomas Fairfax의 딸의 가정교사로 일하고 있었던 1650년대 초에 쓰여졌을 것으로 보인다.

이 시의 구조는 크게 세 부분으로 나누어 볼 수 있다. 1연에서 Had we(If we had)로 시작하는 부분, 2연에서 But at my back으로 시작하는 부분, 3연에서 Now therefore로 시작하는 부분이다.

1연에서 시인은 "만일 우리가 충분한 세계와 시간을 갖고 있다면" 사랑하는 여인이 수줍어하면서 자신의 사랑을 받아들이지 않는 것은 죄가 되지 않는다고 전제한다. 우리가 무한한 공간과 시간을 갖고 있으면 앉아서 어떤 길을 걸어갈 것인지를 생각할 수도 있고, 우리의 긴 사랑의 날을 보낼 수 있을 것이다. 공간적으로 여자는 인도의 갠지스 강가에서 루비를 찾을 수 있고 자신은 험버 강가에서 한탄할 수 있으며, 시간적으로 노아의 홍수 10년 전에 그녀를 사랑할 수 있을 것이고, 또 그녀는 유대인들이 개종하는 날까지 거절할 수도 있을 것이다. 그러나 시인은 공간과 시간을 충분히 갖고 있지 않기 때문에 수줍어하지 말고 자신의 사랑을 받아들이라고 말한다.

시인은 자신의 사랑을 천천히 자라는 "식물"에 비교하며, 자신의 "식물같은 사랑"은 제국보다 더 거대하고 더 천천히 자라는데, 예를 들어 여인의 눈을 찬미하고, 그리고 이마를 바라보는 데에 100년이 걸릴 수도 있고, 연인의 젖가슴을 찬미하는 데에 200년이 걸릴 수도 있고, 그러나 나머지 부분을 찬미하는데 3만년이 걸릴 수도 있으며, 모든 부분에는 적어도 한 세대, 그리고 마지막 시대에 당신의 마음을 보겠다고 말한다. 시인은 그녀가 이런 대우를 받을만하고, 그보다 더 낮은 수준으로는 그녀를 사랑하지 않겠다고 다짐한다.

But at my back I always hear
Time's wingèd chariot hurrying near;
And yonder all before us lie
Deserts of vast eternity.
Thy beauty shall no more be found;
Nor, in thy marble vault, shall sound
My echoing song; then worms shall try
That long-preserved virginity,
And your quaint honour turn to dust,
And into ashes all my lust;
The grave's a fine and private place,
But none, I think, do there embrace

그러나 2연에서 시인은 시간의 흐름이 너무 빠르고 그 결과 죽음이 다가오고 있음을 느낀다. 그는 자신의 등 뒤에서 "시간의 날개 달린 전차가 급히 다가오는 소리"를 항상 듣고, 죽음 이후의 적막감을 의미하는 "광대한 영원의 사막"이 저기 앞에 놓여 있음을 본다. 사랑하는 여인의 죽음 이후 시인은 그녀의 아름다움을 더 이상 찾을 수 없고, 그녀의 대리석 묘소에 자신의 메아리치는 노래가 들리지 않으며, 그때는 벌레들이 그렇게 "오랫동안 보존된 처녀성을 허물 것이며, 당신의 이상한 정조는 먼지로 바뀌고 모든 나의 육욕은 재로 변하리라"고 경고한다. 그는 "무덤은 좋고 은밀한 공간이지만, 내 생각에, 아무도 그곳에서는 포옹하지 않소"라고 말하며, 아직 젊고 아름답고 살아 있을 때 자신의 사랑을 받아들이라고 말한다.

Now therefore, while the youthful hue
Sits on thy skin like morning dew,
And while thy willing soul transpires
At every pore with instant fires,
Now let us sport us while we may,
And now, like amorous birds of prey,
Rather at once our time devour
Than languish in his slow-chapped power.
Let us roll all our strength and all
Our sweetness up into one ball,
And tear our pleasures with rough strife
Through the iron gates of life:
Thus, though we cannot make our sun
Stand still, yet we will make him run.

3연에서 시인은 시간의 유한성을 다시 한번 더 강조하며 이 시의 결론을 내린다. 그는 "지금, 젊음의 색깔이 아침이슬처럼 당신의 살결에 앉아있는 동안, 그리고 당신의 의욕적인 영혼이 순간의 불길로 모든 기공에서 내뿜는 동안" 지금 우리가 "즐길 수 있는 동안 즐기며" 살자고 제안하며 'carpe diem'의 주제를 표현한다. 그는 시간의 지배 아래 시들어 버리기보다는 "지금 연애하는 맹금처럼, 오히려 즉시 우리의 시간을 먹자"고 말하며 "우리의 모든 힘과 우리의 모든 달콤함을 굴려서 하나의 공으로 만들고" 그리고 "인생의 철문을 통하여 우리의 기쁨을 세차게 작열시키자"고 말하며 사랑의 절정의 감정을 표현한다. 그는 "비록 우리가 태양을 정지시킬 수는 없지만, 우리가 태양을 달리게 할 수 있다"고 말하며 시를 끝맺는다.

14. The Tyger

William Blake

Tyger! Tyger! burning bright
In the forests of the night
What immortal hand or eye
Could frame thy fearful symmetry?

In what distant deeps or skies
Burnt the fire of thine eyes?
On what wings dare he aspire?
What the hand dare seize the fire?

And what shoulder, & what art,
Could twist the sinews of thy heart?
And when thy heart began to beat,
What dread hand? & what dread feet?

14. 호랑이

William Blake(1757 – 1827)는 시인, 화가, 판화 제작자였으며, 살아있을 동안에는 거의 알려지지 않았다. 대표적인 시집으로는 1789년에 출판된 The Songs of Innocence와 1794년에 발표된 The Songs of Experience가 있으며, 강하고 두려운 호랑이를 묘사한 "The Tyger"는 The Songs of Experience에 수록되어 있다.

"호랑이"의 1연에서 시인은 어떤 신성한 존재가 "밤의 숲속에서 밝게 불타는" 무서운 호랑이를 창조할 수 있었는지를 물어보며 시를 시작한다. 또 시인은 "어떤 불멸의 손이나 눈이 그대의 그 두려운 균형을 만들 수 있었는가?"라고 물어보며 그 호랑이를 만든 창조자에 대한 두려움을 드러낸다. 이후 연에서도 시인은 질문을 계속하는데, 모든 질문은 첫 번째 질문을 더 구체화한다고 볼 수 있다.

2연에서 시인은 "그 어떤 먼 심연과 하늘에서 그대의 눈의 불길이 불타는가?" "어떤 날개를 타고 그가 감히 솟아오르는가?" "어떤 손이 감히 그 불길을 붙잡는가?"라고 물으며 우주의 어느 곳에서 호랑이의 불타는 눈이 나오고 감히 누가 그 불을 다룰 수 있었을까 생각한다.

3연에서 시인은 "어떤 어깨, 어떤 기술이 그대의 심장의 힘줄을 비틀 수 있는가?"라는 질문을 던지며 호랑이의 심장의 "힘줄을 비틀려면" 어떤 종류의 물리적 존재와 어떤 종류의 어두운 장인 정신이 필요했을지 궁금해한다. 그리고 "그대의 심장이 뛰기 시작할 때 그 어떤 무시무시한 손이, 무시무시한 발이"라고 질문하며 무서운 호랑이가 제조된 후에는 아마 창조자도 무서워하며 그 일을 계속할 용기를 가졌을지 궁금해한다.

What the hammer? what the chain?
In what furnace was thy brain?
What the anvil? what dread grasp
Dare its deadly terrors clasp?

When the stars threw down their spears,
And water'd heaven with their tears,
Did he smile his work to see?
Did he who made the Lamb make thee?

Tyger! Tyger! burning bright
In the forests of the night,
What immortal hand or eye
Dare frame thy fearful symmetry?

4연에서 시인은 "어떤 쇠망치가? 어떤 쇠사슬이? 어떤 용광로 속에 그대의 뇌가 있었는가? 어떤 모루?"라는 질문을 던지며 창조자와 대장장이를 비교한다. 그는 호랑이를 제작하는데 필요한 모루와 용광로와 그것들을 휘두를 수 있었던 대장장이를 생각하며 "어떤 무서운 손아귀가 감히 그 치명적인 공포를 움켜 쥘 수 있었는가?"라고 궁금해한다.

5연에서 시인은 그 일이 끝났을 때, 창조자가 "자신의 작품을 보고 웃었을가?"라고 물으며 그가 어떻게 느꼈을지 궁금해한다. 그는 양을 만든 창조자가 호랑이를 만들었는가?라며 공포심을 만든 창조자에게 분노한다.

6연에서 시인은 1연의 내용을 반복하지만 "어떤 불멸의 손이나 눈이 그대의 그 두려운 균형을 감히 만들었는가?"라고 질문하며 더 강하게 호랑이에 대한 두려움을 표현한다. 호랑이는 처음에 감각적인 이미지로 나타나지만, 시가 진행됨에 따라 상징적인 인물이 되고 시가 탐색하는 정신적이고 도덕적인 문제를 구현하게 된다. 이 시에서 이어지는 질문들은 호랑이의 "무서운 대칭"이 어떤 종류의 물리적이고 창조적인 능력을 말하는지 반복해서 질문하고 아주 강하고 강력한 존재만이 그러한 창조를 할 수 있다고 결론내린다.

15. Love's Secret

William Blake

Never seek to tell thy love,
  Love that never told can be;
For the gentle wind doth move
  Silently, invisibly.

I told my love, I told my love,
  I told her all my heart,
Trembling, cold, in ghastly fears.
  Ah! she did depart!

Soon after she was gone from me,
  A traveller came by,
Silently, invisibly:
  He took her with a sigh.

15. 사랑의 비밀

시인은 사랑하는 연인에게 "당신의 사랑을 고백하려고 하지 말라"고 하는데 "사랑은 결코 말로 할 수 없는 것"이기 때문에 자신의 감정을 결코 말하지 말라는 것이다. 마치 "부드러운 바람이 조용히, 보이지 않게 불어오듯이" 사랑은 조용하고 보이지 않기 때문에 듣거나 볼 수 없고 단지 느낄 수 있다.

그러나 시인이 "온 마음을 다해" "떨면서 차분하게, 무서운 두려움 속에서 그녀에게 고백"하는데, 그의 가장 큰 두려움은 그녀가 떠나는 것을 보는 것이다. 결국 시인의 고백은 그녀가 그를 부인하고 떠나는 결과를 초래한다.

그녀가 가버린 뒤 얼마 되지 않아 한 여행자가 다가오는데, 그는 그녀가 자신을 너무 많이 사랑한다고 생각한다. 그 이유는 "소리 없이, 눈에 보이지 않게" 다가왔기 때문에.

16. "Elegy Written in a Country Churchyard"

Thomas Gray

The curfew tolls the knell of parting day,
   The lowing herd wind slowly o'er the lea,
The plowman homeward plods his weary way,
   And leaves the world to darkness and to me.

Now fades the glimm'ring landscape on the sight,
   And all the air a solemn stillness holds,
Save where the beetle wheels his droning flight,
   And drowsy tinklings lull the distant folds;

Save that from yonder ivy-mantled tow'r
   The moping owl does to the moon complain
Of such, as wand'ring near her secret bow'r,
   Molest her ancient solitary reign.

Beneath those rugged elms, that yew-tree's shade,
   Where heaves the turf in many a mould'ring heap,
Each in his narrow cell for ever laid,
   The rude forefathers of the hamlet sleep.

16. 시골 묘지에서 쓴 애가

Thomas Gray(1716 - 1771)는 시인, 고전 학자, Pembroke College의 교수였으며, 신고전주의에서 낭만주의로 전환하는 시기를 대표하는 시인이다. 그는 인기있는 작가였음에도 불구하고 일생 동안 13편의 시만을 출판했으며, 1757년 계관 시인의 자리를 제안받았으나 거절한 바 있다. 그의 대표적인 시는 1751년에 출판된 "시골 묘지에서 쓴 애가"로서, 이 시에서 시인은 저녁에 시골 묘지에 서 있는 동안 조용히 죽음에 대해 생각한다. 그는 무덤을 살펴보면서 결국 죽음이 모든 사람에게 닥친다는 사실을 생각하면서, 부자의 좋은 무덤이 그들을 죽음에서 되돌릴 수 없다는 사실에 주목한다. 그는 또한 그들이 더 나은 환경에서 태어났다면 살았을지도 모르는 삶을 상상함으로써 교회 마당에 묻힌 평범한 사람들을 기념하고 무명의 이점을 생각하고, 이 시는 자신이 상상한 비문으로 끝나게 된다.

1연에서 시인은 "저녁 종"이 떠나는 하루의 조종, 즉 하루가 끝났다는 신호를 울리고, 낮은 소리로 음매 우는 "소떼들"은 천천히 꾸불꾸불 풀밭 위로 나아가고, "농부"는 집으로 지친 걸음을 걸어가고, "이 세상에 어둠과 나만" 남는다고 묘사하며 시골 저녁의 분위기를 보여준다.

2연에서 이제 시인의 주변은 석양에 빛나고 있지만 "어렴풋한 풍경"이 눈에서 사라지고, "딱정벌레가 윙윙거리며 선회하는 곳과 졸린 듯한 딸랑거림이 멀리서 양 우리를 잠재우는 것"을 제외하고는 "엄숙한 고요"가 온 대기를 감싸고 있다.

3연에서 저쪽 담쟁이가 덮인 탑에서부터, "투정하는 올빼미"는 "달을 향해 불평"하는데, 올빼미가 자신의 은밀한 거처 근처에서 방황하면서 자신의 "오래된 고독의 영역을 괴롭히는 자"에 대해 불평하는 소리를 제외하고는 너무 조용하다.

4연에서 시인은 "저 울퉁불퉁한 느릅나무 아래, 또 저 주목 나무의 그늘 아래, 수많은 썩어가는 더미로 뗏장이 솟아오른 곳"에 "각자 좁은 방 속에 영원히 누워 작은 마을의 소박한 선조들이 잠들어 있다"고 묘사하며 이름없이 죽은 마을 사람에 대해 생각한다.

The breezy call of incense-breathing Morn,
　　The swallow twitt'ring from the straw-built shed,
The cock's shrill clarion, or the echoing horn,
　　No more shall rouse them from their lowly bed.

For them no more the blazing hearth shall burn,
　　Or busy housewife ply her evening care:
No children run to lisp their sire's return,
　　Or climb his knees the envied kiss to share.

Oft did the harvest to their sickle yield,
　　Their furrow oft the stubborn glebe has broke;
How jocund did they drive their team afield!
　　How bow'd the woods beneath their sturdy stroke!

Let not Ambition mock their useful toil,
　　Their homely joys, and destiny obscure;
Nor Grandeur hear with a disdainful smile
　　The short and simple annals of the poor.

5연에서 시인은 "향기 나는 아침의 산들바람 소리", "짚으로 만든 헛간에서 짹짹거리는 제비", "수탉의 날카로운 나팔 소리, 메아리치는 뿔나팔 소리" 이 모든 소리도 지금 묘지에서 잠들어 있는 "그들을 더이상 저 낮은 잠자리에서 깨우지 못한다"고 말한다.

6연에서 시인은 무덤 속에 있는 "그들을 위해서 더이상 불타는 난로가 불타오르지도 않고, 분주한 주부가 저녁 일거리에 바쁘게 움직이지도 않고, 아이들이 아버지의 귀가를 어리광부리는 소리로 말하기 위해 달려오지도 않고, 서로 다투어 키스하려고 아버지의 무릎을 오르지도 않는다"고 말하며 평범하게 살다가 죽은 사람들에게 일상의 행복마저 사라진 것을 애도한다.

7연에서 시인은 "종종 추수가 그들의 낫에 굴복했고, 그들의 쟁기가 종종 그 억센 땅을 깨뜨렸고"라며, 살아있을 때 이 사람들이 얼마나 농부로 살면서 농작물을 수확하고, 억센 땅을 갈아엎었는지를 말한다. 또 그는 "얼마나 즐겁게 그들은 소떼를 들판으로 몰았는지!" "그들의 억센 도끼질 아래 나무들이 얼마나 몸을 숙였는지!"라고 말하며 그들이 얼마나 즐겁고 자신만만하게 살았는지를 생각한다.

8연에서 시인은 야심가들에게 그들의 "유용한 수고", "소박한 즐거움", "이름없는 운명"을 비웃지 말라고 말하며, 또 영화를 누리는 자들에게 "가난한 사람들의 짧고도 소박한 연대기를 경멸적인 조소를 지으면서 듣지 말라"고 말하며 평범한 삶을 살았던 사람들에 대해 비난하는 것을 풍자한다.

The boast of heraldry, the pomp of pow'r,
　And all that beauty, all that wealth e'er gave,
Awaits alike th' inevitable hour.
　The paths of glory lead but to the grave.

Nor you, ye proud, impute to these the fault,
　If Mem'ry o'er their tomb no trophies raise,
Where thro' the long-drawn aisle and fretted vault
　The pealing anthem swells the note of praise.

Can storied urn or animated bust
　Back to its mansion call the fleeting breath?
Can Honour's voice provoke the silent dust,
　Or Flatt'ry soothe the dull cold ear of Death?

Perhaps in this neglected spot is laid
　Some heart once pregnant with celestial fire;
Hands, that the rod of empire might have sway'd,
　Or wak'd to ecstasy the living lyre.

9연에서 시인은 "문장의 자랑, 권력의 허세", "아름다움이 준 모든 것, 부가 준 모든 것", 이 모든 것들을 "그 피할 수 없는 시간은 똑같이 기다리고, 영광의 길도 무덤으로 이어진다"고 말하며 가장 영광스러운 삶을 살았던 사람도 죽음을 피할 수 없다고 강조한다.

10연에서 시인은 거만한 자들에게 "긴 통로와 격자무늬로 된 둥근 천장을 통해 울리는 찬가가 칭찬의 노래로 높아지는 곳에서" 즉 긴 복도와 그들의 업적이 새겨진 둥근 천장이 있는 지하 납골당이 없더라도, 또 "만약 기억이 그들의 무덤 위에 기념비를 세우지 못한다면" 가난한 사람들에게 그 잘못을 돌리지 말라고 말한다.

11연에서 시인은 죽은 사람의 삶을 적은 "비문이 새겨진 항아리나 살아있는 듯한 흉상이 사라져가는 호흡을 그 대저택으로 되돌릴 수 있는가?" 또 죽은 사람을 칭찬하는 "명예의 목소리가 조용한 흙을 일으킬 수 있고, 아첨이 죽음의 둔하고 차가운 귀를 달랠 수 있는지? 묻는다.

12연에서 시인은 "한때 거룩한 불길로 가득했던 어떤 가슴"과 "제국의 지팡이를 흔들었을 수도 있었고, 살아있는 듯한 수금을 황홀하게 켰을지도 모르는 어떤 손길"이 시골 교회 묘지와 같이 "아마도 이 돌봐주는 사람이 없는 곳"에 누워있다.

17. The Solitary Reaper

William Wordsworth

Behold her, single in the field,
Yon solitary Highland Lass!
Reaping and singing by herself;
Stop here, or gently pass!
Alone she cuts and binds the grain,
And sings a melancholy strain;
O listen! for the Vale profound
Is overflowing with the sound.

No Nightingale did ever chaunt
More welcome notes to weary bands
Of travellers in some shady haunt,
Among Arabian sands:
A voice so thrilling ne'er was heard
In spring-time from the Cuckoo-bird,
Breaking the silence of the seas
Among the farthest Hebrides.

17. 외로운 추수꾼

William Wordsworth(1770 - 1850)는 영국 북서부의 아름다운 호수 지방에서 태어났으며, 프랑스 혁명이 공포 정치로 치닫는 것을 지켜보며 환멸을 느끼고 호반 지방으로 되돌아간다. 그는 Samuel Taylor Coleridge와 '낭만주의의 선언서'라고 할 수 있는 *Lyrical Ballads*(1798)를 공동 집필하여 영국 문학에 낭만주의 시대를 시작하는데 큰 역할을 했다. 그는 1843년부터 1850년 4월 23일 늑막염으로 사망할 때까지 계관 시인이었다. 1807년에 출판된 "The Solitary Reaper"의 독특한 점은 Wordsworth의 시 대부분이 시인 자신의 경험에 기초하고 있지만, 이 시만큼은 친구인 Thomas Wilkinson의 경험을 반영하고 있다는 것이다. 시인은 스코틀랜드의 고원에서 "들판 가운데 홀로 추수하며 노래하는 저 외로운 고원의 처녀"를 상상하면서 걸음을 멈추고 그 노래를 듣던지, 아니면 노래를 방해하지 말고 조용히 지나가라고 권고한다. 시인은 그녀가 "구슬픈 노래를 부르고, 깊은 골짜기에 그 노랫소리 넘쳐 흐른다"고 생각하는 것은 시인 자신의 고독한 마음을 표현한 것이라고 할 수 있다. 시인은 "아라비아 사막의 어느 그늘진 휴식처에 있는 지친 여행자들의 무리에게 어떠한 나이팅게일도 이보다 환영하는 노래를 부른 일 없고", "이처럼 전율적인 목소리를 머나먼 헤브리디즈 열도 사이 바다의 적막을 깨고 봄에 오는 뻐꾸기에게서도 들은 적 없다"고 말한다.

Will no one tell me what she sings? -
Perhaps the plaintive numbers flow
For old, unhappy, far-off things,
And battles long ago:
Or is it some more humble lay,
Familiar matter of to-day?
Some natural sorrow, loss, or pain,
That has been, and may be again?

Whate'er the theme, the Maiden sang
As if her song could have no ending;
I saw her singing at her work,
And o'er the sickle bending; -
I listen'd, motionless and still;
And, as I mounted up the hill,
The music in my heart I bore,
Long after it was heard no more.

시인은 그녀가 부르는 노래가 무엇인지를 아무도 말해주지 않지만, 아마도 "저 구슬픈 노래는 먼 옛날의 불행했던 일 아니면 오래전 전쟁"에 관한 것, 아니면 "어떤 보다 소박한 노래, 요즘 흔히 있는 일들일까?"라고 반문하며 "과거에도 있었고, 또 다시 있을지도 모르는 어떤 피치 못할 슬픔, 상실, 혹은 고통일까?"라고 생각한다.

시인은 처녀가 부르는 노래의 주제가 무엇인지 모르지만, 이든 간에, 처녀가 낫 위로 몸을 구부리며 노래하는 것을 꼼짝도 않고 조용히 귀를 기울여 지켜본다. 그리고 시인이 "언덕 위로 올라갈 때, 노래가 더 이상 들리지 않는 저 오랜 후에도 그 노래 내 마음 속에 남아 있었다"고 회상하며, 처녀의 고독과 그녀의 노래에 담겨 있는 슬픔, 상실, 고통이 인간의 삶을 이루고 있다고 생각한다.

18. Strange fits of passion have I known

William Wordsworth

Strange fits of passion have I known
And I will dare to tell
But in the Lover's ear alone,
What once to me befel.

When she I loved looked every day
Fresh as a rose in June,
I to her cottage bent my way,
Beneath an evening moon.

Upon the moon I fixed my eye,
All over the wide lea;
With quickening pace my horse drew nigh
Those paths so dear to me.

18. 나는 기이한 북받치는 슬픔을 겪었네

이 시는 William Wordsworth가 1798년 독일에 머무르는 동안 쓰여졌고, Lyrical Ballads(1800)의 2판에 처음 출판되었다. 이 시는 시인이 한밤중에 시골의 순박한 소녀인 Lucy의 집을 찾아가는 여정과 그때 갑자기 들었던 생각을 묘사한다.

시인은 "기이한 북받치는 슬픔을 겪었다"고 시를 시작하면서 감히 자신에게 일어났던 그 일을 "연인의 귀에만" 말하려고 한다. 시인은 사랑하는 그녀가 항상 "6월의 장미처럼 신선해 보이고", 어느 저녁 달빛 아래 그녀의 오두막으로 향하는 여행을 이야기하기 시작한다. 시인은 넓은 풀밭을 가는 내내 "달에 내 눈을 고정"하고, "자신에게 너무나 소중한 그 길로" 말을 타고 갔다고 설명한다.

And now we reached the orchard-plot;
And, as we climbed the hill,
The sinking moon to Lucy's cot
Came near, and nearer still.

In one of those sweet dreams I slept,
Kind Nature's gentlest boon!
And all the while my eyes I kept
On the descending moon.

My horse moved on; hoof after hoof
He raised, and never stopped;
When down behind the cottage roof,
At once, the bright moon dropped.

What fond and wayward thoughts will slide
Into a Lover's head!
"O mercy!" to myself I cried,
"If Lucy should be dead!"

이어지는 다섯 개의 연에서 시인은 "저녁 달 아래" 말을 타고 과수원 땅을 지나 언덕을 오르기 시작했고, 그 꼭대기에 Lucy의 오두막이 있었고 "가라앉는 달이 Lucy의 오두막으로 가까이, 더 가까이 다가왔다." 말을 타고 가다가 시인은 "다정한 자연의 가장 친절한 혜택"인 잠을 자고, 그리고 "그 내내 나는 내 눈을 가라앉는 달 위에 계속 고정시켰다."

시인은 말을 타고 계속 움직였고, 그녀의 오두막에 더 가까워졌을 때 "그때 오두막집 지붕 뒤쪽 저 아래로 갑자기 밝은 달이 떨어졌다."고 묘사하는데, 달이 지붕 뒤에서 사라진 것이다. 시인은 "어떤 어리석고 변덕스러운 생각"이 머릿속으로 들어와서 "아 어쩌나!", "만약 Lucy가 죽는다면!"이라고 그녀의 죽음을 상상한다.

이 시의 초기 버전은 다음과 같은 추가 구절이 들어 있었다고 한다.

"I told her this: her laughter light
Is ringing in my ears:
And when I think upon that night
My eyes are dim with tears."

"나는 그녀에게 이렇게 말했다 : 그녀의 웃음 빛
내 귓가에 울린다 :
그리고 내가 그날 밤을 생각할 때
내 눈은 눈물로 흐려진다."

19. My heart leaps up

William Wordsworth

My heart leaps up when I behold
  A rainbow in the sky:
So was it when my life began;
So is it now I am a man;
So be it when I shall grow old,
  Or let me die!
The Child is father of the Man;
And I could wish my days to be
Bound each to each by natural piety.

19. 내 마음은 뛴다

이 시는 표면적으로는 "하늘에 있는 무지개"의 아름다움에 관한 것으로 보이지만, 시인이 느끼는 경이로움은 그가 태어났을 때부터 시작해서 어린 시절부터 성인이 될 때까지 지속된다. "내 삶이 시작했을 때도 그러했고; 지금 내가 어른이 되어서도 그러하고; 내가 늙을 때도 그러하기를"이라는 표현에서도 알 수 있듯이, 시인은 어렸을 때 무지개가 경외심을 불러일으켰듯이 성인이 되어서나 노인이 되어서도 자연에 대한 경외심을 유지해야 한다고 말한다. "그렇지 않다면 차라리 내가 죽기를!"이라는 구절은 그렇게 하지 못한다면 정신적으로는 죽은 삶이나 마찬가지라는 것이다. 또한 시인은 아이들이 세상을 끊임없이 경험하면서 자연과 실제 삶에 대해 끝없는 경이로움과 경외감을 갖고 있듯이, 우리도 이런 방식으로 어린아이처럼 되어야 한다는 것이다. 시인은 무지개로 상징되는 자연이 항상 종교처럼 성스러운 것으로 생각했듯이, 모든 사람이 자연에 대한 경외심을 계속 갖기를 희망한다는 생각을 반복하면서 마무리한다.

20. The Daffodils

William Wordsworth

I wandered lonely as a cloud
   That floats on high o'er vales and hills,
When all at once I saw a crowd,
   A host, of golden daffodils;
Beside the lake, beneath the trees,
Fluttering and dancing in the breeze.

Continuous as the stars that shine
   And twinkle on the Milky Way,
They stretched in never-ending line
   Along the margin of a bay:
Ten thousand saw I at a glance,
Tossing their heads in sprightly dance.

20. 수선화

이 시는 William Wordsworth의 시 가운데 가장 유명하고 많은 사람들에게 사랑받는 시들 중 한 편이다. 이 시는 Wordsworth와 그의 여동생 Dorothy가 Ullswater에 있는 호반 지방의 시골을 산책하던 중 호숫가의 황금빛 수선화 들판을 발견한 경험에 기초하고 있다.

시인은 "골짜기와 언덕 위를 하늘 높이 떠도는 구름처럼" 홀로 걷다가 "수없이 많은 황금 빛 수선화가 호숫가 나무들 밑에 산들바람에 나부끼며 춤추는 것"을 본다.

그는 수선화를 "은하수에서 빛나며 반짝이는 별"과 비교하면서 꽃이 "호숫가를 따라 한없이 줄지어 뻗어 있다"고 묘사하면서, 한번 힐끗 보고 만 개 정도의 수선화가 마치 머리를 흔들며 즐겁게 춤추고 있다고 생각한다.

The waves beside them danced, but they
    Outdid the sparkling waves in glee:
A Poet could not but be gay,
    In such a jocund company:
I gazed — and gazed — but little thought
What wealth the show to me had brought:

For oft, when on my couch I lie
    In vacant or in pensive mood,
They flash upon that inward eye
    Which is the bliss of solitude;
And then my heart with pleasure fills,
And dances with the daffodils.

시인은 "수선화들 옆 호숫물도 춤을 추었지만", 수선화들이 "환희 속에서 반짝이는 물결을 능가했다"고 평가하며 이렇게 기쁜 무리 속에서 즐거워한다. 시인이 기쁨과 위안을 느끼면서도 "이 모습이 나에게 어떤 풍요를 가져다주었는지는 생각하지 못했다"고 말하는 것은 당시 수선화들이 어떤 긍정적인 효과를 가져다 주었는지를 충분히 깨닫지 못한 것이다.

이 수선화들은 시인에게 오래 지속되는 영향을 미치는데, 먼저 그들은 갑작스러운 기억이 떠오르듯이 "고독의 행복인 내 마음의 눈에 떠오른다." 시인이 외롭고 불안할 때마다 과거 수선화들을 보며 느꼈던 기억을 떠올리며 "그때 내 마음은 기쁨으로 가득 차, 수선화들과 함께 춤을 춘다"고 묘사하듯이 시인에게 위로와 기쁨을 가져다준다.

21. A Red, Red Rose

Robert Burns

O my Luve's like a Red, Red Rose,
That's newly sprung in June:
O my Luve's like the melodie
That's sweetly play'd in tune!

As fair art thou, my bonnie lass,
So deep in luve am I:
And I will luve thee still, my dear,
Till a' the seas gang dry:

Till a' the seas gang dry, my dear,
And the rocks melt wi' the sun:
I will luve thee still, my dear,
While the sands o' life shall run.

And fare thee weel, my only Luve,
And fare thee weel a while!
And I will come again, my Luve,
Though it were ten thousand mile.

21. 빨간 장미

Robert Burns(1759 - 1796)는 스코틀랜드의 시인이자 서정시인으로서 Rabbie Burns, the National Bard, Bard of Ayrshire and the Ploughman Poet라는 다양한 이름과 별명으로 친근하게 알려져 있다. 비록 그의 많은 글이 대부분 영어와 스코틀랜드 방언으로 되어 있지만, 그는 스코틀랜드 언어로 글을 쓴 시인으로 가장 잘 알려져 있다. 2009년에 그는 스코틀랜드 텔레비전 채널 STV의 투표에서 스코틀랜드 대중이 선정한 가장 위대한 스코틀랜드 사람으로 뽑힌바 있다. 그는 스코틀랜드 전역에서 민속 음악을 수집하여 수정하거나 편곡하고, 특히 "Auld Lang Syne"은 종종 한 해의 마지막 날에 부르며 "Scots Wha Hae"는 오랫동안 비공식 국가로 사용되었다. Burns의 다른 시와 노래로는 "A Red, Red Rose", "To a Louse", "To a Mouse", "The Battle of Sherramuir", "Ac Fond Kiss" 등이 있다.

"A Red, Red Rose"는 영어로 쓴 가장 유명한 사랑시 중 하나로써, 시인은 자신의 사랑을 "6월에 새로 태어난" 빨간 장미에 비유하고 있다. 장미는 "모든 바다가 말라버릴 때까지", "바위가 햇빛에 녹을 때까지", "인생의 모래알이 다 없어질 때까지"와 같이 묘사된 자연의 파괴보다도 더 오랫동안 지속되는 시인의 영원하고 강한 사랑을 표현한다.

22. The Rime of the Ancient Mariner

Samuel Taylor Coleridge

Part 1

It is an ancient Mariner,
And he stoppeth one of three.
"By thy long beard and glittering eye,
Now wherefore stopp'st thou me?

The Bridegroom's doors are opened wide,
And I am next of kin;
The guests are met, the feast is set:
May'st hear the merry din."

He holds him with his skinny hand,
"There was a ship," quoth he.
"Hold off! unhand me, grey-beard loon!"
Eftsoons his hand dropt he.

He holds him with his glittering eye -
The wedding-guest stood still,
And listens like a three year's child:
The Mariner hath his will.

22. 노수부의 노래

Samuel Taylor Coleridge(1772-1834)는 시인, 문학 비평가, 철학자, 신학자로서 친구인 William Wordsworth와 함께 낭만주의 운동을 대표하는 인물이다. 그는 "The Rime of the Ancient Mariner"와 "Kubla Khan"과 같은 초자연적인 요소를 소재로 한 시를 썼고, 문학적인 자서전이라고 할 수 있는 Biographia Literaria를 통해 자신만의 상상력 이론을 보여주었다. 그는 *Ralph Waldo Emerson*과 미국의 초월주의에도 큰 영향을 미쳤다. 그의 삶에서 주목할 만한 또 다른 요소는 인생의 후반기에 불안과 우울증에 시달렸고 아편 중독에 빠졌다는 것이다.

이 시는 Coleridge가 William Wordsworth와 함께 쓴 *Lyrical Ballads*에 수록되어 출판되었다. 이 시는 1부에서 7부까지 구성되어 있고, 노수부가 친척의 결혼식에 참석한 하객 중 한 명에세 자신이 바다에서 경험한 신비스러운 이야기를 늘려주는 형식의 장시이다.

1부에서 한 노수부가 결혼식 하객 세 사람 중 한 사람을 정지시키자 하객은 "당신의 긴 백발 수염과 빛나는 눈에 맹세코, 지금 왜 당신은 나를 정지시키는 거요?"라며 의아해한다. 그러자 노수부는 말라빠진 손으로 그를 붙잡고 "배가 한 척 있었소,"라고 말하며 자신의 이야기를 시작한다. 노수부는 "빛나는 눈으로" 그 하객을 사로잡고, 그는 노수부의 눈의 마술에 걸린 듯 꼼짝도 못하고 서서 마치 세 살 먹은 어린아이처럼 귀기울여 듣는다. 노수부는 자신의 뜻을 이룬다.

The wedding-guest sat on a stone:
He cannot choose but hear;
And thus spake on that ancient man,
The bright-eyed Mariner.

"The ship was cheered, the harbor cleared,
Merrily did we drop
Below the kirk, below the hill,
Below the lighthouse top.

The sun came up upon the left,
Out of the sea came he!
And he shone bright, and on the right
Went down into the sea.

Higher and higher every day,
Till over the mast at noon – "
The wedding-guest here beat his breast,
For he heard the loud bassoon.

결혼식 하객은 바위 위에 앉아서 빛나는 눈의 노수부의 말을 들을 도리밖에 없고, 노수부는 말을 계속했다. Coleridge는 노수부의 바다에서의 경험을 상상력을 갖고 재현한다.

노수부를 태운 배가 환호를 받으며 항구를 떠나 즐겁게 "교회 아래로, 산 아래로, 등대 꼭대기 아래로" 멀리 나아간다.

해가 왼쪽에서 떠올랐고, 바다로부터 솟았고, 밝게 빛났으며, 오른쪽에서 바닷속으로 내려갔다는 것은 배가 남쪽으로 가고 있음을 의미한다.

매일 해가 점점 더 높아지고, 마침내 정오 때 해가 돛대 위에 있다는 것은 배가 적도에 도착했음을 의미한다. 이때 결혼식 하객은 요란한 바순 악기 소리를 듣고 자기 가슴을 두들긴다.

The bride hath paced into the hall,
Red as a rose is she;
Nodding their heads before her goes
The merry minstrelsy.

The wedding-guest he beat his breast,
Yet he cannot choose but hear;
And thus spake on that ancient man,
The bright-eyed mariner.

"And now the storm-blast came, and he
Was tyrannous and strong;
He struck with his o'ertaking wings,
And chased us south along.

With sloping masts and dipping prow,
As who pursued with yell and blow
Still treads the shadow of his foe,
And forward bends his head,
The ship drove fast, loud roared the blast,
And southward aye we fled.

"장미처럼 새빨간" 신부가 큰 방으로 천천히 걸어들어가고, 흥겨운 악사들이 고개를 끄덕이며 그녀 앞을 지나간다.

결혼식 하객은 자기 가슴을 두들기지만 빛나는 눈의 노수부의 말을 도리밖에 없다. 그래서 노수부는 말을 계속했다.

"잔인하고 강한" 폭풍우가 몰아쳐 왔고, 그 폭풍우의 덮치는 날개로 배를 강타하여 배가 남쪽으로 향하게 된다.

폭풍우가 함성과 타격을 가하며 배를 추격하고, 배는 적인 폭풍우의 그림자를 밟으며 "머리를 앞으로 구부리는 사람같이" "경사진 돛대와 물에 잠긴 뱃머리로" 달렸고, 돌풍은 요란히 울부짖었고, 배는 남쪽으로 향하며 도망친다.

And now there came both mist and snow,
And it grew wondrous cold:
And ice mast-high came floating by,
As green as emerald.

And through the drifts the snowy clifts
Did send a dismal sheen:
Nor shapes of men nor beasts we ken —
The ice was all between.

The ice was here, the ice was there,
The ice was all around:
It cracked and growled, and roared and howled,
Like noises in a swound!

At length did cross an Albatross,
Thorough the fog it came;
As if it had been a Christian soul,
We hailed it in God's name.

안개가 끼고 눈이 내렸고, 날씨는 놀랄만큼 차가워졌고, "에메랄드처럼 푸른" "돛대만큼 높은 빙산"이 흘러왔다.

그리고 흩날리는 눈바람 속에서 눈에 덮인 빙산이 "음침한 빛"을 발했는데, 그들은 "인간이나 짐승의 형체를 볼 수 없었고" 온통 얼음 밖에 없었다.

"여기에도 얼음 저기에도 얼음" 온 주위가 온통 얼음이었고, 얼음은 "깨어지고, 울부짖고, 으르렁대고, 노호했고" 마치 기절했을 때 나는 소리처럼 들렸다.

마침내 "크리스챤의 영혼"인 것처럼 알바트로스가 안개 속을 날아왔고, 그들은 "하나님의 이름으로" 그 새를 환영했다.

It ate the food it ne'er had eat,
And round and round it flew.
The ice did split with a thunder-fit;
The helmsman steered us through!

And a good south wind sprung up behind;
The Albatross did follow,
And every day, for food or play,
Came to the mariners' hollo!

In mist or cloud, on mast or shroud,
It perched for vespers nine;
Whiles all the night, through fog-smoke white,
Glimmered the white moonshine.

"God save thee, ancient Mariner!
From the fiends, that plague thee thus! -
Why look'st thou so?" - With my crossbow
I shot the Albatross.

알바트로스는 "전에 먹어보지 못한 음식을 먹으며" 주위를 날아다녔고, 얼음은 "천둥소리를 내며 깨어지고, 키잡이는 그 틈으로 배를 저어갔다.

순한 남풍이 뒤에서 불어왔고, 알바트로스도 "날마다 먹이나 놀이를 찾아" 계속 배를 뒤따랐고, 수부들이 어이 하는 소리에 응했다.

알바트로스는 "안개 속이나 구름 속에, 돛대나 돛대 밧줄에" 아홉 번의 밤동안 앉아 있었고, 밤새도록 "하얀 안개 연기 속에 흰 달빛이 어렴풋이 빛났다."

결혼식 하객은 "하나님이 당신을 이렇게 괴롭히는 악마들로부터 구원해주시기를, 노수부여!"라고 말하지만, 노수부가 십자궁으로 길조의 상징인 "알바트로스를 쏘았다"고 말한 것처럼 바다에서 노수부의 고행이 시작된다.

part 7

O wedding-guest! This soul hath been
Alone on a wide wide sea:
So lonely 'twas, that God himself
Scarce seemed there to be.

Oh sweeter than the marriage feast,
'Tis sweeter far to me,
To walk together to the kirk
With a goodly company! –

To walk together to the kirk,
And all together pray,
While each to his great Father bends,
Old men, and babes, and loving friends
And youths and maidens gay!

Farewell, farewell! but this I tell
To thee, thou wedding-guest!
He prayeth well, who loveth well
Both man and bird and beast.

part 7

자신의 죄를 고백한 후 현재 시점으로 돌아온 노수부는 바다에서 고행을 통해 얻은 교훈을 결혼식 하객에게 전해준다. 그는 하객에게 자신의 영혼은 "넓고 넓은 바다에 홀로" 있었고, "어찌나 외로운지 하나님조차 존재하지 않는 듯 여겨졌다"고 말한다.

노수부는 "좋은 사람들과 교회에 함께 예배드리러 가는 것"이 결혼 잔치보다도 더 아름답고, "모두 함께 기도하는 것"과 노인이나, 애기나, 사랑하는 친구, 젊은이, 그리고 쾌활한 처녀들이 모두 "각자 위대한 하나님 아버지께 고개 숙이는 것"이 잔치보다도 더 아름답다고 말한다.

노수부는 결혼식 하객에게 "안녕! 안녕!"이라고 작별을 고하며 "사람과 새와 짐승을 잘 사랑하는 사람이 기도를 잘 하는 사람"이라고 말한다.

He prayeth best, who loveth best
All things both great and small;
For the dear God who loveth us,
He made and loveth all."

The mariner, whose eye is bright,
Whose beard with age is hoar,
Is gone: and now the wedding-guest
Turned from the bridegroom's door.

He went like one that hath been stunned,
And is of sense forlorn:
A sadder and a wiser man,
He rose the morrow morn.

노수부는 하객에게 "크거나 작거나 모든 것들을 가장 잘 사랑하는 사람이 잘 기도하는 사람"이라고 반복하는데 그 이유는 "우리를 사랑하시는 하나님이 모든 것을 만드셨고 사랑하셨기 때문이라고 말하며 자신의 이야기를 끝맺는다.

"눈이 빛나고, 나이 먹어 수염이 백발인" 수부는 가버렸고, 이제야 결혼식 하객은 신랑집 문에서 돌아설 수 있었다. 그는 노수부의 이야기를 통해 가르침을 받고 다음 날 아침 일어났을 때 큰 충격을 받은 것처럼 "더 슬프고 더 현명한 사람"이 되어 있었다.

23. She walks in beauty

George Gordon, Lord Byron

She walks in beauty, like the night
  Of cloudless climes and starry skies;
And all that's best of dark and bright
  Meet in her aspect and her eyes:
Thus mellow'd to that tender light
  Which heaven to gaudy day denies.

One shade the more, one ray the less,
  Had half impaired the nameless grace
Which waves in every raven tress,
  Or softly lightens o'er her face;
Where thoughts serenely sweet express
  How pure, how dear their dwelling place.

And on that cheek, and o'er that brow,
  So soft, so calm, yet eloquent,
The smiles that win, the tints that glow,
  But tell of days in goodness spent,
A mind at peace with all below,
  A heart whose love is innocent!

23. 그녀는 아름답게 걷는다

George Gordon, Lord Byron(1788 - 1824)은 시인이자 정치인으로서 주로 'Lord Byron'으로 알려져 있다. 그는 유럽을 광범위하게 여행했으며, 이탈리아에 머무는 동안 친구이자 동료 시인인 Percy Bysshe Shelley를 자주 방문했다. 그는 인생 후반기에 오스만 제국과 싸우는 그리스 독립 전쟁에 참여했고, 전쟁 중 36세의 나이에 열병으로 사망했다. 그의 가장 잘 알려진 작품으로는 Don Juan 과 Childe Harold's Pilgrimage가 있다. "She walks in beauty"는 시인이 1814년 6월 11일 런던에서 참석한 한 파티에서 빛나는 금박이 달린 검은 상복을 입고 있는 Mrs. Anne Beatrix Wilmot을 보고 그녀의 기이한 아름다움을 찬미하는 시이다. 그녀는 "구름 없는 날씨 그리고 별이 빛나는 하늘의 밤처럼" 아름다움 자체가 되어 걷고 있다. "어둡고 밝음의 최상의 모든 것들"이 조화를 이루고 그녀의 용모와 눈길에 모여 있다.

어둠과 빛의 조화는 그녀의 "형언할 수 없는 우아함"을 보여주며, 그녀의 아름다움의 절정이라고 할 수 있다. "칠흑 같은 머리타래에 나부끼거나, 그녀의 얼굴 위에 부드럽게 빛나는 맑고 달콤한 생각"들은 그녀가 얼마나 순수하고 소중한지를 잘 나타내 준다.

그리고 뺨 위와 이마 위 사로잡은 "미소와 타오르는 홍조"는 너무 부드럽고 조용하지만 웅변적으로 "선행으로 보낸 나날들, 모든 지상의 것과 평화를 이루는 마음, 그 사랑이 순결한 마음"에 대해 말해준다. 시인은 그녀의 신체적인 용모가 내적인 선함에 근거를 두고 있으며, 그녀의 아름다움은 선행으로 살아온 삶을 보여주며, 또 지상의 모든 것들과 조화와 평화를 이루고 있으며, 순수한 사랑을 갖고 있다고 생각한다.

24. Ozymandias

Percy Bysshe Shelley

I met a traveller from an antique land,
Who said: Two vast and trunkless legs of stone
Stand in the desert. Near them, on the sand,
Half sunk, a shattered visage lies, whose frown,
And wrinkled lip, and sneer of cold command,
Tell that its sculptor well those passions read
Which yet survive, stamped on these lifeless things,
The hand that mocked them, and the heart that fed;

And on the pedestal these words appear:
"My name is Ozymandias, King of Kings:
Look on my Works, ye Mighty, and despair!"
Nothing beside remains. Round the decay

Of that colossal wreck, boundless and bare,
The lone and level sands stretch far away.

24. 오지만디어스

Percy Bysshe Shelley(1792-1822)는 옥스퍼드 대학 당시 William Godwin의 영향을 받아 『무신론의 필요성』(The Necessity of Atheism)이라는 에세이를 쓰고 퇴학당했다. 이후 그는 시와 정치적, 사회적 견해에서 급진적인 태도를 보였으며, 1818년 두 번째 아내인 Mary Shelley와 함께 이탈리아로 영구적으로 추방되었고, 1822년 29세에 보트 사고로 사망했다. 그의 삶은 가족의 위기, 건강 악화, 무신론에 대한 반발, 정치적 견해와 사회적 관습에 대한 반발 등으로 요약할 수 있다. 미국의 문학 평론가 Harold Bloom은 그를 "훌륭한 장인, 라이벌이 없는 서정 시인, 그리고 시를 쓰는 가장 진보적이고 회의적인 지성인 중 한 사람"이라고 말한 바 있다. 그의 대표작으로는 "Ozymandias", "Ode to the West Wind", "To a Skylark", 『사슬이 풀린 프로메테우스』(Prometheus Unbound) 등이 있다.

"Ozymandias"는 이집트의 왕이었던 Ramses 2세의 그리스식 이름이다. Shelley는 자신을 왕중왕이라고 생각한 Ozymandias가 지금은 사막에 부서진 조각상으로만 남아있는 모습을 묘사한다. 시인은 고대 나라에서 온 여행자가 "두 개의 거대하고 몸통이 없는 돌다리가 사막에 서 있다"고 말하는 것을 듣는다. 그리고 그 근처 모래 위에 "반쯤 파묻힌 채 부서진 얼굴이 있고, 그 얼굴의 찡그리고, 그리고 주름잡힌 입, 그리고 냉혹한 명령의 조소"는 그 조각상을 만든 조각가가 왕의 정열을 잘 읽고 예술로 표현했다고 말한다.

이 조각상의 받침대에는 "내 이름은 Ozymandias, 왕중왕이로다. 그대 강한 자들이여, 내 업적을 보고 절망하라!"는 구절이 새겨져 있었지만, 지금 그 조각상 옆에는 유적들 외에는 아무 것도 남아있지 않다. "거대한 잔해의 부식된 주위에 끝없이 텅 빈 채 쓸쓸하고 평평한 사막만이 멀리 펼쳐져 있다"는 마지막 구절에서 시인이 절대적인 권력의 몰락과 함께 그 조각을 한 조각가와 그리고 이 조각상을 시로 쓴 시인 자신 등 예술가들의 능력을 높이 평가하고 있음을 알 수 있다.

25. On First Looking into Chapman's Homer

John Keats

Much have I travell'd in the realms of gold,
And many goodly states and kingdoms seen;
Round many western islands have I been
Which bards in fealty to Apollo hold.
Oft of one wide expanse had I been told
That deep-brow'd Homer ruled as his demesne;
Yet did I never breathe its pure serene
Till I heard Chapman speak out loud and bold:
Then felt I like some watcher of the skies
When a new planet swims into his ken;
Or like stout Cortez when with eagle eyes
He star'd at the Pacific—and all his men
Look'd at each other with a wild surmise—
Silent, upon a peak in Darien.

25. Chapman의 Homer를 처음 읽었을 때

John Keats(1795-1821)는 Lord Byron, Percy Bysshe Shelley와 함께 낭만주의 시인 2세대의 주요 인물 중 한 명으로서 25세의 나이에 결핵으로 사망했다. Keats의 시는 "관능성이 매우 가득 찬" 스타일이 특징이라고 할 수 있으며, 특히 일련의 송가에서 두드러지게 나타난다. 이것은 낭만주의 시인들의 전형적인 특징인데, 그들이 자연적인 이미지를 강조해서 극도의 감정을 강조하는 것을 목표로 했기 때문이다. 그의 대표적인 작품은 "Ode to a Nightingale", "Ode on a Grecian Urn" and "Ode on Melancholy"등의 송가와 유명한 소네트인 "On First Looking into Chapman's Homer"등이 있다. Jorge Luis Borges는 "Keats의 작품과의 첫 만남은 자신이 평생동안 느꼈던 훌륭한 경험"이라고 말했다.

"Chapman의 Homer를 처음 읽었을 때"에서 시인은 "황금의 영토"를 많이 여행했고, "많은 훌륭한 나라와 왕국들을 보았다"고 이야기하는데, 이는 훌륭한 문학 작품들을 많이 읽었다는 의미이다. 더욱이 그는 시인들이 "충성심으로 Apollo에게 바치는" 많은 서쪽의 섬들을 일주했다. 종종 그는 "짙은 눈썹의 Homer가 자신의 영지로 통치한 넓은 땅"에 대해 들었지만, 결코 그는 "Chapman이 크고 대담하게 말하는 것을 들을 때까지는" "순수한 공기를 숨 쉬어 본 적이 없었다"고 말한다.

그때 시인은 "새로운 유성이 그의 시야에 헤엄쳐 들어왔을 때 하늘의 어떤 감시자"처럼 느꼈고, "강건한 Cortez가 독수리의 눈으로 태평양을 응시하고, 모든 그의 부하들이 제멋대로 추측하며 서로를 볼 때, 말없이, 다리엔의 봉우리 위에서"처럼 새로운 천체와 대양을 발견했을 때의 느낌을 받는다.

26. Break, Break, Break

Alfred Lord Tennyson

Break, break, break,
  On thy cold gray stones, O Sea!
And I would that my tongue could utter
  The thoughts that arise in me.

O, well for the fisherman's boy,
  That he shouts with his sister at play!
O, well for the sailor lad,
  That he sings in his boat on the bay!

And the stately ships go on
  To their haven under the hill;
But O for the touch of a vanish'd hand,
  And the sound of a voice that is still!

Break, break, break
  At the foot of thy crags, O Sea!
But the tender grace of a day that is dead
  Will never come back to me.

26. 부서져라, 부서져라, 부서져라

Alfred Lord Tennyson(1809 - 1892)은 Cambrige 대학에서 공부하고, 빅토리아 여왕의 통치기간 동안 계관시인이었으며 가장 인기있는 영국 시인 중 한 명이다. 그는 "Break, Break, Break", "The Charge of the Light Brigade", "Tears, Idle Tears", and "Crossing the Bar"와 같은 짧은 서정시에 탁월한 재능을 보였으며, 많은 그의 시는 고전적인 신화적 주제 에 기반을 두고 있다.

Alfred, Lord Tennyson은 가까운 친구이자 동료 시인인 Arthur Hallam이 사망한 지 2년 후인 1835년에 "Break, Break, Break"를 썼다. 시인이 친구의 죽음을 슬퍼하기 때문에 대부분의 독자들은 이 시를 Hallam에 대한 비가(elegy)로 읽지만, 이 시는 죽음과 상실에 대한 일명상으로 이해할 수 있다. 읽을 수 있다. 이 시와 함께 장시 "In Memoriam AHH"은 Hallam의 죽음을 추념하고 그가 Tennyson에게 끼친 영향을 분명하게 보여준다.

"부서져라, 부서져라, 부서져라"의 1연에서 시인 앞에서 바다는 "차가운 회색 돌"을 부수고 있으며, 시인은 "내 혀가 내면에서 일어나는 생각을 말할 수 있었으면", 즉 자신의 생각을 목소리로 표현하지 못하는 것을 한탄한다.

2연에서 어부의 아들은 "누나와 놀면서 소리를 질러서 행복하고, 어린 선원은 만에서 배를 타고 노래를 불러서 행복하지만, 시인은 그러한 기쁨을 표현할 수 없다.

3연에서 웅장한 배들은 "언덕 아래에 있는 항구"로 조용히 움직이고, 이러한 관찰은 시인에게 자신이 아끼던 누군가의 실종을 떠오르게 만든다. 그는 더 이상 "사라진 손의 감촉과 조용한 목소리"를 느끼거나 들을 수 없다.

4연에서 파도가 반복해서 들어올 때마다 "울퉁불퉁한 바위 아래"에 시끄럽게 부서지는 것과는 달리, 사라진 날의 "부드러운 은총"은 결코 시인에게 다시 돌아오지 않을 것이다.

27. Crossing the Bar

Alfred Lord Tennyson

Sunset and evening star,
  And one clear call for me!
And may there be no moaning of the bar,
  When I put out to sea,

But such a tide as moving seems asleep,
  Too full for sound and foam,
When that which drew from out the boundless deep
  Turns again home.

Twilight and evening bell,
  And after that the dark!
And may there be no sadness of farewell,
  When I embark;

For tho' from out our bourne of Time and Place
  The flood may bear me far,
I hope to see my Pilot face to face
  When I have crost the bar.

27. 모래톱을 건너며

"Crossing the Bar"에서 시인은 항구를 떠나는 배가 '모래톱'(bar)을 지나 바다로 나아가는 과정을 통해 자신의 죽음을 묘사하며 죽음에 대해 평온하고 수용하는 태도를 보여준다. 모래톱은 해안을 따라 해류에 의해 만들어진 모래 능선으로서 해안에 도달하기 위해서는 파도가 모래톱에 부딪혀서 Tennyson이 말한 "모래톱의 구슬픈 소리"를 만들어 낸다. 여기서 모래톱은 생명과 죽음 사이의 장벽에 대한 은유라고 할 수 있으며, Tennyson의 시에서 '입구'의 이미지로 사용된다. 다시 말해서 모래톱이 항구 가까이 있는데, 배가 이 모래톱을 지나면 먼 바다로 가는 것이며, 이는 종교적인 확신을 갖고 죽음 이후의 상태를 생각하는 것이다.

1연에서 "해는 지고 저녁별 반짝이니, 날 부르는 분명한 소리!"라는 구절에서도 알 수 있듯이 시인은 신의 부름을 받고 죽음을 예견하고 있으며, "내가 바다로 나아갈 때, 모래톱의 구슬픈 소리 없기를"이라고 말하며 자신의 죽음을 슬퍼하지 말라고 부탁한다.

2연에서 "움직여도 잠자는 듯 고요한 바다, 소리와 거품으로 너무 가득한, 무한한 심연에서 온 것"이 다시 깊은 곳으로 돌아올 때 잠들어 있는 것처럼 보이기를 원한다.

3연에서 시인은 "황혼과 저녁 종소리, 그리고 그 뒤 어둠!"이 뒤따를 것을 알고 있으며, "내가 배를 탈 때에, 이별의 슬픔 없기를!"에서는 자신이 이 세상을 떠날 때 아무도 울지 않기를 희망한다.

4연에서 "시간과 공간의 우리의 경계를 넘어 물결이 나를 멀리 데려가도"에서는 인간이 인식하는 시간과 공간의 한계를 넘어 "모래톱을 건널 때"에도 도선사(Pilot)가 있기 때문에 두려워하지 않는다고 말한다. 마지막으로 시인은 "나의 인도자를 얼굴을 마주 볼 수 있기를"이라며 바라는데, 그는 자신의 삶을 지금까지 인도한 주님의 얼굴을 뵙기를 희망한다.

28. "Tears, Idle Tears"

Alfred Lord Tennyson

Tears, idle tears, I know not what they mean,
Tears from the depth of some divine despair
Rise in the heart, and gather in the eyes,
In looking on the happy Autumn-fields,
And thinking of the days that are no more.

Fresh as the first beam glittering on a sail,
That brings our friends up from the underworld,
Sad as the last which reddens over one
That sinks with all we love below the verge;
So sad, so fresh, the days that are no more.

Ah, sad and strange as in dark summer dawns
The earliest pipe of half-awakened birds
To dying ears, when unto dying eyes
The casement slowly grows a glimmering square;
So sad, so strange, the days that are no more.

Dear as remembered kisses after death
And sweet as those by hopeless fancy feigned
On lips that are for others; deep as love
Deep as first love, and wild with all regret;
O Death in Life, the days that are no more.

28. 눈물, 속절없는 눈물

1연에서 시인은 "눈물, 속절없는 눈물"이 무슨 의미인지도 모르며 그 눈물을 노래한다. 그는 행복한 가을 들판을 쳐다보면서 그리고 더이상 없는 날들을 생각하면서 "어떤 거룩한 절망의 심연에서 나오는" 눈물이 가슴속에서 일어나 두 눈에 맺힌다고 말한다. 그는 행복한 가을 들판이 곧 사라지고 지나간 날들을 생각하며 까닭없는 슬픔을 느끼고 눈물을 흘린다.

시인이 1연에서 가을 들판을 묘사했다면, 2연에서는 바다를 묘사하며, 이러한 과거가 생생하고 기이하다고 묘사한다. 그는 "배에 반짝거리는 첫 번째 광선처럼 생생한" 배가 "하계로부터 우리의 친구들을 데려다 준다"고 말하며 새로운 탄생을 의미한다. 또한 그는 "배 위에 붉게 물드는 마지막 광선처럼 그렇게 슬프다"고 말하는데, "수평선 저 아래로 우리가 사랑하는 모두를 담고" 가라앉는 배는 죽음을 의미한다. 첫 배에 광선은 아침 햇살처럼 생생하고, 마지막 배에 광선은 슬프다고 할 수 있다. 그는 1연의 마지막 줄에서 사용된 "더이상 없는 날들은"이라는 후렴구를 매 연의 마지막 줄에서 반복한다.

3연에서 시인은 과거를 생생하지 않고 슬프고 기이하다고 언급한다. 그는 과거가 "죽어가는 사람이 귀에 반쯤 깬 새들의 첫 번째 지저귐", 다시 말해서 어두운 여름 새벽에 새들의 노래처럼 슬프고 기이하다는 것이다. 그 누워서 죽어가는 사람의 눈에 사각형의 "창문이 천천히 희미한 사각형"으로 변할 때, "더 이상 없는 날들은 바로 그렇게 슬프고, 그렇게 기이하다"라고 말하며 귀와 눈을 통해 죽어가는 사람의 의식이 없어지는 것처럼 그렇게 지나간 날들도 그렇게 슬프고, 기이하다는 것이다.

4연에서 시인은 과거가 "소중하고", "달콤하고", "깊고", "미칠 듯 하다"고 묘사한다. 그는 이제는 "죽은 뒤에도 기억되는 키스"처럼 그렇게 소중하며, "이제는 남의 것인 그 입술에 가망 없는 공상이 꾸며낸 키스"처럼 달콤하며, "첫사랑처럼" 깊고, 이러한 경험에 늘 뒤따르는 "온갖 회한으로 미칠 듯"하고, 더 이상 없는 날들, 즉 과거를 "삶 속의 죽음"이라고 결론내린다.

29. "Dying Speech of an Old Philosopher"

Walter Savage Landor

I strove with none, for none was worth my strife:
Nature I loved, and, next to Nature, Art:
I warm'd both hands before the fire of Life;
It sinks; and I am ready to depart.

29. 나이 든 철학자의 마지막 한마디

Walter Savage Landor(1775-1864)는 Warwick의 Ipsley Court에서 의사 아버지와 부유한 어머니의 아들로 태어나 럭비 학교에서 교육을 받았으나 무례한 태도로 인해 퇴학당했고, 옥스퍼드 대학에 진학했으나 자신의 방에서 산탄총을 발사하여 정학을 당하기도 했다. 그는 작가, 시인, 정치적인 행동가였으며, Charles Dickens와 Robert Browning과 같은 다음 세대의 문학 개혁가들과 친구가 되고 그들에게 많은 영향을 끼쳤다. 그의 대표적인 작품은 산문집인 Imaginary Conversations와 시집인 Rose Aylmer가 있다.

"나이 든 철학자의 마지막 한마디"에서 시인은 "나는 아무와도 다투지 않았고, 아무도 나와 다툴만한 자격은 없었다"고 말하며 한평생 살아오면서 "자연을 사랑했고, 자연 그 다음으로는 예술을 사랑했다"고 말한다. 그는 자신의 "두 손을 인생의 불길에 녹였고" 이제 인생의 마지막 순간에 다다라 "그 불이 꺼져가고, 나는 떠나갈 준비가 되었다"고 고백한다.

30. Today

Thomas Carlyle

So here hath been dawning
Another blue Day:
Think wilt thou let it
Slip useless away.

Out of Eternity
This new Day is born;
Into Eternity,
At night, will return.

Behold it aforetime
No eye ever did:
So soon it forever
From all eyes is hid.

Here hath been dawning
Another blue Day:
Think wilt thou let it
Slip useless away.

30. 오늘

Thomas Carlyle(1795 – 1881)은 스코틀랜드의 역사가, 풍자 작가, 수필가, 번역가, 철학자, 수학자, 교사였다. 그는 *On Heroes, Hero-Worship, and The Heroic in History* (1841)에서 "세계의 역사는 위인의 전기"라고 주장하며, "위인"의 행동이 역사에서 중요한 역할을 한다고 말한 바 있다. 그의 다른 작품으로는 *The French Revolution: A History, 3 vols*(1837)과 *The History of Friedrich II of Prussia, Called Frederick the Great, 6 vols* (1858 – 65)가 있다. 저명한 논쟁가인 Carlyle은 서인도 제도에 노예제 재도입을 옹호하는 에세이를 썼고, 한때 기독교인이었지만 에딘버러 대학에 다니는 동안 신앙을 잃었고 후에 이신론(deism)을 받아들였다.
『내 마음의 노래』(나남, 2019년)에 수록된 김동길 교수님의 번역을 소개한다.

"보라 푸르른 새날이 밝아오누나
그대 생각하여라
이 하루를 헛되이 보낼 것인가
영원에서부터
이 새날은 태어나서
영원 속으로
밤이 되면 다시 돌아가리니

아무도 미리 보지 못한
이 새날은
너무나 빠르게
모든 이의 시야에서 영원히 사라지나니
보라 푸르른 새날이 밝아오누나
그대 생각하여라
이 하루를 헛되이 보낼 것인가"

31. "Meeting At Night"

Robert Browning

The grey sea and the long black land;
And the yellow half-moon large and low;
And the startled little waves that leap
In fiery ringlets from their sleep,
As I gain the cove with pushing prow,
And quench its speed i' the slushy sand.

Then a mile of warm sea-scented beach;
Three fields to cross till a farm appears;
A tap at the pane, the quick sharp scratch
And blue spurt of a lighted match,
And a voice less loud, thro' its joys and fears,
Than the two hearts beating each to each!

31. 밤의 만남

"Meeting At Night"은 "Parting at Morning"와 함께 *Dramatic Romances and Lyrics* (1845)에 수록되었다가, 후에 다른 시로 분리되었다. "Meeting At Night"에서 시인은 어두운 밤에 연인을 만나기 위한 배를 타고 가는 여정을 묘사하는데, 당시 도덕적이고 보수적인 빅토리아 시대에 매우 관능적이고 성적인 암시를 담고 있는 드문 시라고 할 수 있다.

1연에서 시인은 어둠 속에서 "어두운 바다와 길고 검게 보이는 땅"이라는 신비한 풍경을 묘사한다. 반달은 하늘에 낮게 보이며 노란색 빛을 발한다. 잠에서 깨어난 "놀란 작은 파도"가 불빛의 작은 원을 이룬다는 것은 이전에 바다가 고요했었다는 것을 알려준다. 시인은 "뱃머리를 밀면서 작은 만에 도착하여 질척한 모래 속에" 배를 정박시킨다.

2연에서 시인은 따뜻한 바다 냄새나는 해변을 따라 1마일 정도 걸으며 세 개의 들판을 지나 농장에 노닥한다. 그가 창을 가볍게 두드리면, 그 순간에 연인이 서둘러서 성냥을 긁고 "켜진 성냥의 푸른 불빛의 분출"이 일어난다. 시인이나 연인의 "목소리"가 말을 하지만 행복과 두려움 속에서 "서로에게 뛰는 두 개의 심장 소리보다 크지 않다"고 할 수 있다.

32. *Pippa Passes*

Robert Browning

The year's at the spring
And day's at the morn;
Morning's at seven;
The hillside's dew-pearled;
The lark's on the wing;
The snail's on the thorn:
God's in His heaven—
All's right with the world!

32. PIPPA가 지나간다

"The year's at the spring"으로 시작하는 이 시는 Pippa Passes라는 연극의 1막 중간에 있는 부분이다. 이 부분에 앞서는 무대 지시문은 "PIPPA의 노래 부르는 소리가 들려오고"이며, 그 다음 무대 지시문은 "PIPPA가 지나간다"이기 때문에 "Pippa Passes" 또는 "Pippa's Song"라는 제목으로 선집에 수록되어 있다.

『문학의 숲을 거닐다』(샘터, 2005년)에 수록된 장영희 교수님의 번역을 소개한다.

"계절은 봄이고
하루 중 아침
아침 일곱 시
진주 같은 이슬 언덕 따라 맺히고
종달새는 창공을 난다
달팽이는 가시나무 위에
하느님은 하늘에
이 세상 모든 것이 평화롭다."

33. Sonnet 14

Elizabeth Barrett Browning

If thou must love me, let it be for nought
Except for love's sake only. Do not say,
"I love her for her smile—her look—her way
Of speaking gently,—for a trick of thought
That falls in well with mine, and certes brought
A sense of pleasant ease on such a day"—

For these things in themselves, Belovèd, may
Be changed, or change for thee—and love, so wrought,
May be unwrought so. Neither love me for
Thine own dear pity's wiping my cheeks dry:
A creature might forget to weep, who bore
Thy comfort long, and lose thy love thereby!
But love me for love's sake, that evermore
Thou mayst love on, through love's eternity.

33. Sonnet 14

"당신이 날 사랑해야 한다면,
오직 사랑만을 위해서 사랑해 주세요.
"그녀의 미소 때문에, 그녀의 모습 때문에,
그녀의 부드러운 말씨 때문에,
내 생각과 잘 맞는 기발한 생각 때문에,
확실히 그런 날에 편안함을 주었기 때문에,
"나는 그녀를 사랑해"라고 말하지 마세요.
사랑하는 이여, 이런 것들은 그 자체가
변하거나 당신의 마음에 들기 위해 변할 수도 있어요.
그리고 그렇게 얻은 사랑은
그렇게 잃을 수도 있어요.
내 뺨의 눈물을 닦아주는 당신의 귀한 연민 때문에
나를 사랑하지는 말아주세요.
당신의 위로를 오래 받은 사람은 눈물을 잊어버리고
그러면, 당신의 사랑도 잃게 될 거에요!
오직 사랑만을 위해서 날 사랑해 주세요, 언제나
사랑의 영원을 통해, 당신이 계속 사랑할 수 있도록."

34. Sonnet 43

Elizabeth Barrett Browning

How do I love thee? Let me count the ways.
I love thee to the depth and breadth and height
My soul can reach, when feeling out of sight
For the ends of Being and ideal Grace.
I love thee to the level of everyday's
Most quiet need, by sun and candle-light.
I love thee freely, as men strive for Right;
I love thee purely, as they turn from Praise.
I love thee with a passion put to use
In my old griefs, and with my childhood's faith.
I love thee with a love I seemed to lose
With my lost saints, - I love thee with the breath,
Smiles, tears, of all my life! - and, if God choose,
I shall but love thee better after death.

34. Sonnet 43

"내가 당신을 어떻게 사랑하냐구요? 한번 방법을 헤아려 볼게요.
나는 당신을 사랑해요, 내 영혼이 도달할 수 있는
깊이와 넓이와 높이만큼, 눈에 보이지 않는
존재의 끝과 이상적인 우아함을 느끼며.
나는 당신을 사랑해요, 매일의
가장 조용한 필요의 수준까지, 태양과 촛불로.
나는 당신을 자유롭게 사랑해요, 사람들이 권리를 위해 투쟁하듯이;
나는 당신을 순수하게 사랑해요, 사람들이 칭찬에서 돌아서듯이.
나는 당신을 사랑해요 내 오래전 슬픔에 쏟았던 열정과
어린 시절의 신앙으로.
나는 당신을 사랑해요, 나의 세상을 떠난 성자들과 함께
잃어버린 것 같았던 사랑으로, - 나는 당신을 사랑해요,
내 평생 숨결, 웃음, 눈물로! - 그리고 만약 신이 택하신다면,
나는 죽은 후에도 당신을 더 사랑할 거에요."

35. "Pied Beauty"

Gerard Manley Hopkins

Glory be to God for dappled things –
  For skies of couple-colour as a brinded cow;
    For rose-moles all in stipple upon trout that swim;
Fresh-firecoal chestnut-falls; finches' wings;
  Landscape plotted and pieced – fold, fallow, and plough;
    And áll trádes, their gear and tackle and trim.

All things counter, original, spare, strange;
  Whatever is fickle, freckled (who knows how?)
    With swift, slow; sweet, sour; adazzle, dim;
He fathers-forth whose beauty is past change:
          Praise him.

35. 알록달록한 아름다움

Gerard Manley Hopkins(1844 – 1889)는 시인이자 예수회 신부였으며, 사후에 동료 시인인 Robert Bridges가 유고 시집을 발간한 후 그의 명성이 알려지게 된다. 그는 옥스퍼드 대학을 다니면서 Walter Pater에게 수학을 했고, 영국 국교 내에서 교리적 요소를 강화하려는 Oxford Movement에 동조했다. 이후 가톨릭으로 개종하여 사제 서품을 받고, 45세에 병사했다. 1930년에 그의 작품은 동시대의 가장 독창적인 문학적 성취로 인정받았고 20세기 T. S. Eliot, Dylan Thomas, W. H. Auden, Stephen Spender와 같은 시인들에게 현저한 영향을 끼쳤다.

1연에서 시인은 먼저 자연의 다양한 "얼룩배기 사물들"을 만든 하나님께 영광을 돌리며 시작한다. 그 다음 이어지는 다섯 줄에서 시인은 자신이 언급한 "얼룩배기 사물들"의 예를 상세하게 설명하는데, "얼룩무늬 암소처럼 두 겹의 색깔을 지닌 하늘"의 하얀색과 푸른색, "헤엄치는 송어의 온통 점점이 박힌 장미 반점"의 대조적인 색깔, "막 불붙인 석탄불처럼 터신 밤들"의 단단한 껍질 속의 알밤, 그리고 다양한 색깔의 "피리새의 날개들" 때문에 하나님께 영광을 돌린다. 풍경의 이미지로 시선을 돌려서 "구획되어 짜 맞춰진 풍경들 — 목초지, 휴한지, 경작지", 그리고 마지막으로 인간의 활동들, 즉 "모든 생업들, 그들의 기구와 도구와 장비들"의 다양함에 하나님께 영광을 돌린다.

2연에서도 시인은 자신이 언급한 예들의 특징들을 더 자세히 생각하면서, "반대되고, 독창적이고, 희귀하고, 이상한 모든 것들", "변하기 쉽고 반점이 있는(왜 그런지 모르겠지만) 모든 것들", "빠르고, 느리고, 달콤하고, 시고, 그리고 빛나고 흐린" 다양한 모습이 정상적으로 평가받지 못하고 아름답게 생각되지도 않는다고 말한다. 그러나 시인은 그러한 다양함과 변화는 모두 "하나님이 만들었다"고 단언하며 "하나님의 아름다움은 불변"이기 때문에 그분을 찬미하라고 권고한다.

36. "Spring"

Gerard Manley Hopkins

Nothing is so beautiful as Spring —
　　When weeds, in wheels, shoot long and lovely and lush;
　　Thrush's eggs look little low heavens, and thrush
Through the echoing timber does so rinse and wring
The ear, it strikes like lightnings to hear him sing;
　　The glassy peartree leaves and blooms, they brush
　　The descending blue; that blue is all in a rush
With richness; the racing lambs too have fair their fling.

What is all this juice and all this joy?
　　A strain of the earth's sweet being in the beginning
In Eden garden. — Have, get, before it cloy,
　　Before it cloud, Christ, lord, and sour with sinning,
Innocent mind and Mayday in girl and boy,
　　Most, O maid's child, thy choice and worthy the winning.

36. 봄

"Spring"은 Hopkins의 다른 소네트처럼 널리 알려진 시는 아니지만, 봄의 아름다움을 강력하게 느끼게 만든다. 1연에서 시인은 "그 어떤 것도 봄처럼 아름답지 못하다"라고 시작하며 봄철을 찬미한다. 봄에는 풀들이 바퀴처럼 동그란 모양을 이루며, "길고 사랑스럽고 무성하게" 솟아나고, 지빠귀의 알들이 "작고 낮은 천국"처럼 보이고, 지빠귀가 "메아리치는 숲속에서" 우리의 "귀를 너무나 깨끗이 씻어주고 쥐어짜기" 때문에 지빠귀 새가 노래하는 것을 듣는 것은 마치 "천둥이 치는 것"과 같다. "매끄러운 배나무의 잎사귀와 꽃들은", "내려앉는 푸른 하늘을 솔질한다."고 묘사하며 하늘의 푸른색이 "풍성함을 지니고 돌진"하고, 달음박질하는 양떼들 역시 "멋지게 돌진한다"고 말한다.

2연에서 시인은 "모든 이 정수와 즐거움은 무엇인가?"라고 묻고, "대초에 에덴동산에 있었던 지상의 행복한 삶의 한줄기"라고 대답한다. 그리고 시인은 그것이 "물리도록 하기 전에
그것을 갖고 소유해 달라"고 기원하고, 또 그리스도 주님에게 그것이 "죄로 인해 흐려지고 시어지기 전에" 인생의 봄날을 살아가는 어린 "소녀와 소년들에게 있는 순수한 마음과 오월제(Mayday)"의 마음을 지켜 달라고 기원한다. 무엇보다도 "동정녀의 아들"인 그리스도에게 "당신의 선택과 당신이 얻을 가치가 있는 것" 즉, 앞줄에서 언급한 순수한 마음, 오월제의 마음을 갖게 해달라고 기원한다.

37. "A Birthday"

Christina Rossetti

My heart is like a singing bird
  Whose nest is in a water'd shoot;
My heart is like an apple-tree
  Whose boughs are bent with thickset fruit;
My heart is like a rainbow shell
  That paddles in a halcyon sea;
My heart is gladder than all these
  Because my love is come to me.

Raise me a dais of silk and down;
  Hang it with vair and purple dyes;
Carve it in doves and pomegranates,
  And peacocks with a hundred eyes;
Work it in gold and silver grapes,
  In leaves and silver fleurs-de-lys;
Because the birthday of my life
  Is come, my love is come to me.

37. 생일

Christina Rossetti(1830-1894)는 낭만적이고 경건한 시와 어린아이들의 시를 썼으며, 예술가이자 시인인 Dante Gabriel Rossetti의 여동생이다. 그녀는 영국에서 잘 알려진 크리스마스 캐롤인 "In the Bleak Midwinter"와 "Love Came Down at Christmas"의 가사를 썼 ㄱ으며, "Goblin Market"과 "Remember"라는 시가 잘 알려져 있다.

1연에서 시인은 연인의 다가오는 생일에 대한 기쁨을 표현하며, 자신의 사랑을 보여주기 위해 자신의 마음이 "물가의 가지에 둥지를 튼 노래하는 새", "탐스러운 열매로 가지가 휘어진 사과나무", "고요한 바다에서 헤엄치는 무지개 조개"와 같은 자연 속의 여러 가지 이미지를 사용한다. 시인은 자신의 마음이 이 모든 것들보다 더 기쁜 이유는 연인이 찾아왔기 때문이라고 기뻐 외친다.

2연에서 시인은 자신을 위해 "비단과 솜털의 단을 세워주고", "모피와 자주색 곤포를 걸쳐주고", "비둘기와 석류, 백 개의 눈을 가진 공작을 새기고", "금빛과 은빛 포도송이와 잎과 은 백합화로 그것을 수놓아달라"고 부탁하는데, 그 이유는 자신의 일생의 생일이 왔고, 연인이 자신에게 왔기 때문이라고 노래한다.

38. "Neutral Tones"

Thomas Hardy

We stood by a pond that winter day,
And the sun was white, as though chidden of god,
And a few leaves lay on the starving sod;
  — They had fallen from an ash, and were gray.

Your eyes on me were as eyes that rove
Over tedious riddles of years ago;
And some words played between us to and fro
  On which lost the more by our love.

The smile on your mouth was the deadest thing
Alive enough to have strength to die;
And a grin of bitterness swept thereby
  Like an ominous bird a-wing...

Since then, keen lessons that love deceives,
And wrings with wrong, have shaped to me
Your face, and the God-curst sun, and a tree,
  And a pond edged with grayish leaves.

38. 회색조

Thomas Hardy(1840-1928)는 소설가이자 시인으로서, 평생 시를 쓰고 자신을 주로 시인으로 여겼다. 그는 자신의 소설과 시에 William Wordsworth를 포함한 낭만주의의 영향을 받았고 빅토리아 사회에 대해 매우 비판적이었다. 처음에 그는 *Far from the Madding Crowd (1874)*, *The Mayor of Casterbridge(1886)*와 같은 소설로 명성을 얻게 되었고, 그의 대표적인 소설 작품으로는 *Tess of the d'Urbervilles(1891)*, *Jude the Obscure(1895)* 등이 있다. 그의 생애 동안 Hardy의 시는 그를 멘토로 여겼던 젊은 시인들로부터 찬사를 받았고, 그의 죽음 이후 그의 시는 Ezra Pound, WH Auden 및 Philip Larkin에 의해 찬사를 받았다.

"Neutral Tones"는 중간색조, 회색조라는 의미로 번역할 수 있는데, 이 시에서 시인은 겨울에 이별하는 두 사람이 사랑 때문에 누가 더 큰 피해를 보았는가에 대해 얘기하는 장면을 상상하며, 그들의 심리적인 영향을 묘사하는 황량하고 비관적인 시라고 할 수 있다.

1연에서 이별하는 연인은 "그 겨울날 연못가"에 서 있었는데, 태양은 마치 "신으로부터 꾸지람을 받는 것처럼 하얀" 모습이었고, 물푸레나무에서 떨어진 잿빛의 "몇 개의 잎사귀가 얼어붙은 땅 위에" 있었다

2연에서 자신을 바라보는 연인의 눈길은 마치 "오래전 지루한 수수께끼를 풀려고 헤매는 눈길" 같았고, 우리의 사랑으로 인해 "어느 쪽이 더 많이 상실했는가"에 대해서 몇 마디가 우리 사이에 이리저리 오갔다.

3연에서 연인의 "입가의 미소는 죽을 힘만 가진 듯 살아있는 전혀 생기 없는 것"이었고, 입가로 "쓰디쓴 히죽거림만이 날아가는 불길한 새처럼 휩쓸고" 지나갔다.

4연에서 시인은 그때 이래로 "사랑이 속이고, 잘못으로 괴롭힌다", 즉 사랑은 기만적이고 상처를 준다는 쓰라린 교훈을 얻게 되었고, 지난날 겨울 연인의 "얼굴, 신의 저주를 받은 태양, 그리고 나무 한 그루, 잿빛 잎사귀가 가장자리를 두르고 있는 연못" 등을 기억하며, 사랑에 대한 낭만적인 생각을 거부한다.

39. "The Falling of the Leaves"

W. B. Yeats

Autumn is over the long leaves that love us,
And over the mice in the barley sheaves;
Yellow the leaves of the rowan above us,
And yellow the wet wild-strawberry leaves.

The hour of the waning of love has beset us,
And weary and worn are our sad souls now;
Let us part, ere the season of passion forget us,
With a kiss and a tear on thy drooping brow.

39. 낙엽

William Butler Yeats(1865 - 1939)는 아일랜드의 시인이자 극작가로서, Abbey Theatre의 설립을 돕는 등 Lady Gregory, Edward Martyn 등과 함께 아일랜드 문예부흥(Irish Literary Revival)의 중심인물이라고 할 수 있다. "The Falling of the Leaves"가 쓰여진 1889년은 Yeats가 아일랜드의 독립운동가인 Maud Gonne을 만나 사랑에 빠지고 청혼하였으나 거절당한 시기로 알려져 있다.

이 시에서 낙엽의 이미지가 생기있고 활기찬 여름이 춥고 죽음 같은 겨울로 나아가는 것은 사랑의 좌절을 상징하며, 전체적인 분위기는 우울함이라고 요약할 수 있다.

1연에서 시인은 가을이 "우리를 사랑하는 긴 잎들, 보릿단 속에 있는 생쥐들, 우리 머리 위에 있는 마가목 잎들, 젖은 야생 산딸기 잎들"도 온통 노랗게 물들었다고 묘사한다. 시인은 노란색을 연속적으로 사용하며 우울한 분위기를 강조한다.

2연에서 시인은 "사랑의 이우러지는 시간이 우리를 에워싸고, 우리의 슬픈 영혼은 이제 지치고 닳아버렸으니"라고 말하며, 가을에 나뭇잎이 떨어지듯 그들의 열정적인 사랑도 끝났고 슬픔과 공허함만이 남았다고 말한다. 그는 열정의 계절이 우릴 잊기 전에 "당신의 숙인 이마에 입 맞추고, 눈물 한 방울을 남기고" 헤어지자고 말한다.

40. "The Lake Isle of Innisfree"

W. B. Yeats

I will arise and go now, and go to Innisfree,
And a small cabin build there, of clay and wattles made;
Nine bean-rows will I have there, a hive for the honey-bee,
And live alone in the bee-loud glade.

And I shall have some peace there, for peace comes dropping slow,
Dropping from the veils of the morning to where the cricket sings;
There midnight's all a glimmer, and noon a purple glow,
And evening full of the linnet's wings.

I will arise and go now, for always night and day
I hear lake water lapping with low sounds by the shore; 1
While I stand on the roadway, or on the pavements grey,
I hear it in the deep heart's core.

40. 호수 섬 이니스프리

1연에서 시인은 번잡한 도시 런던을 떠나 "이제 일어나 가리, 이니스프리로 가리"라고 말하며, Innisfree 호수섬에서의 삶을 동경한다. 그는 "나뭇가지 엮어 진흙 바른 작은 오두막을 짓고 아홉이랑 콩밭과 꿀벌통 하나, 벌 윙윙대는 숲속에서" 단순하게 혼자 살겠다는 의지를 보여준다.

2연에서 시인은 "거기서 얼마의 평화를 누리리. 천천히 내리는 평화, 아침의 베일로부터 귀뚜라미 우는 곳으로 내리는 평화"라고 말하며 안개 낀 아침부터 늦은 밤까지 그가 진정으로 원하는 것은 마음의 평화임을 강조한다. 또한 "한밤은 온통 빛나고, 한낮은 자줏빛으로 이글거리며, 저녁엔 홍방울새의 날개소리 가득한 그 곳"으로 표현하며 호수섬의 고요함을 동경한다.

3연에서 시인은 "나 이제 일어나 가리"라고 말하며 자신의 의지를 다시한번 더 강조한다. 그는 "한길 위에 서 있을 때나 회색 포장길 위에 서 있을 때"에도 마음 깊숙이 "밤이나 낮이나 호숫가에 철썩이는 낮은 물결 소리"가 들린다고 묘사하며 Innisfree 호수섬에서의 단순한 삶을 상상하는 것만으로도 도시에서의 삶을 치유해준다고 믿는다.

41. "The Wild Swans at Coole"

W. B. Yeats

The trees are in their autumn beauty,
The woodland paths are dry,
Under the October twilight the water
Mirrors a still sky;
Upon the brimming water among the stones
Are nine and fifty swans.

The nineteenth Autumn has come upon me
Since I first made my count;
I saw, before I had well finished,
All suddenly mount
And scatter wheeling in great broken rings
Upon their clamorous wings.

41. 쿨 호수의 야생 백조들

이 시는 W. B. Yeats가 Coole Park에 있는 Lady Gregory의 저택을 자주 방문하여 머물렀었는데, 그가 이곳을 처음 방문한 이래로 19년이라는 시간이 지났음에도 불구하고 백조들은 그대로 남아있는 모습을 보며 슬픔의 감정을 표현한다. 문학 평론가 Daniel Tobin은 Yeats가
"나이를 먹고, Maud Gonne과 그녀의 딸 Iseult Gonne의 거부, 그리고 영국에 대한 아일랜드 의 폭동"을 생각하면서 이 시는 우울하고 불행한 상태를 반영하고 있다고 말한 바 있다. 계속해서 Tobin은 "시인이 변화하는 세상에서 지속적인 아름다움을 탐색하고 있다"고 설명한다.

1연에서 시인은 메마른 숲속 오솔길을 걸어 내려가 호숫가로 가면서 "나무들은 가을빛으로 아름답고, 숲속 오솔길은 메마르고, 10월의 황혼 아래 물은 고요한 하늘을 비춘다"고 묘사하고, 넘치는 호숫물 위에는 59마리의 백조들이 떠 있다.

2연에서 시인은 처음 백조를 세어 본 이래 "열아홉 번째의 가을이 왔다"고 말하며 미처 백조를 다 세어보기도 전에, 모든 백조가 갑자기 하늘로 솟아올라 "소란스러운 날갯짓을 하며 큰 부서진 원으로 빙빙 돌며 흩어지는 것"을 보았다.

I have looked upon those brilliant creatures,
And now my heart is sore.
All's changed since I, hearing at twilight,
The first time on this shore,
The bell-beat of their wings above my head,
Trod with a lighter tread.

Unwearied still, lover by lover,
They paddle in the cold,
Companionable streams or climb the air;
Their hearts have not grown old;
Passion or conquest, wander where they will,
Attend upon them still.

But now they drift on the still water
Mysterious, beautiful;
Among what rushes will they build,
By what lake's edge or pool
Delight men's eyes when I awake some day
To find they have flown away?

3연에서 시인이 저 눈부신 피조물인 백조들을 보고 지금 "마음은 아프다"고 말한 이유는 황혼녘에 이 물가에서 처음으로 머리 위로 날개소리가 파닥이는 것을 들으며 가벼운 발걸음으로 걸은 이래로 "모든 것이 변했다"고 생각하기 때문이다. 백조를 보고 환호를 받은 후 19년이 지나서 그는 백조들은 변함이 없지만 자신의 삶의 모든 것이 변했다는 것을 알고 마음 아파한다.

4연에서 시인은 백조들이 "여전히 지칠 줄 모르고, 사랑하는 짝끼리" 차갑지만, 짝이 있는 물속에서 노를 저으며 헤엄치거나 쌍으로 하늘로 날아오르는 모습을 바라본다. 그는 백조들이 어디를 헤매이든 "정열이나 정복하려는 욕심이 아직도 그들을 따르고" 있기 때문에, 즉 마음이 차가워지지 않았기 때문에 "백조들의 마음은 늙지 않았다"고 생각한다.

5연에서 시인은 지금 백조들이 "고요한 물 위를 떠다니는" 모습을 "신비롭고 아름답다"고 묘사한다. 그는 백조들이 어느 등심초 사이에 둥지를 틀 것인지 그리고 자신이 어느 날 아침 깨어 백조들이 날아가 버린 것을 알았을 때, 어느 호숫가나 어느 연못가에서 백조들이 사람들의 눈을 즐겁게 하고 있을까 궁금해한다.

42. "When You Are Old"

W. B. Yeats

When you are old and grey and full of sleep,
And nodding by the fire, take down this book,
And slowly read, and dream of the soft look
Your eyes had once, and of their shadows deep;

How many loved your moments of glad grace,
And loved your beauty with love false or true,
But one man loved the pilgrim soul in you,
And loved the sorrows of your changing face;

And bending down beside the glowing bars,
Murmur, a little sadly, how Love fled
And paced upon the mountains overhead
And hid his face amid a crowd of stars.

42. 당신이 늙었을 때

1연에서 시인은 "당신이 늙고 백발이 되어 잠이 많이 잘 때, 그리고 화롯가에서 졸며 고개를 끄떡일 때" 이 책을 꺼내서 천천히 읽고, 당신의 눈이 예전에 가졌던 부드러운 눈동자와 그 눈의 깊은 그림자를 꿈꾸라고 말한다.

2연에서 시인은 "얼마나 많은 사람이 당신의 즐거운 우아함의 순간을 사랑했고, 당신의 아름다움을 거짓된 사랑 혹은 참된 사랑으로 사랑했는지를" 생각해보라고 말한다. 그러나 단지 한 사람만이 "당신의 순례하는 영혼을 사랑했고, 당신의 변해가는 얼굴의 슬픔을 사랑했다"고 말하며, 시인은 많은 세월이 흘러 연인의 모습이 변해도 사랑한다는 자신의 마음을 강조한다.

3연에서 시인은 빛나는 난로의 쇠살대 옆에 몸을 구부리고, "어떻게 사랑이 저 높이 산 위로 도망쳐 달려가 별들의 무리 속에 자신의 얼굴을 숨겼는지를" 약간 슬프게, 중얼거리라고 말하는데, 여기서 자신의 얼굴은 사랑의 얼굴을 의미한다.

43. "He Wishes for the Cloths of Heaven"

William Butler Yeats

Had I the heavens' embroidered cloths,
Enwrought with golden and silver light,
The blue and the dim and the dark cloths
Of night and light and the half-light,
I would spread the cloths under your feet:
But I, being poor, have only my dreams;
I have spread my dreams under your feet;
Tread softly because you tread on my dreams.

43. 그는 하늘의 천을 원한다

"He Wishes for the Cloths of Heaven"는 Yeats가 수년 동안 사랑했고 자신의 뮤즈로 생각한 Maud Gonne을 위해 쓴 여덟 줄의 짧은 시이다. Yeats의 전기 작가 중 한 명인 Joseph Hone은 한 강의에서 자신의 또 다른 시 "The Cap and Bells"가 여성을 얻는 방법이라고 언급한 반면 "He Wishes for the Heaven of Heaven"은 여성을 잃는 방법이라고 언급했다고 한다.

시인이 만약 자신이 "금빛 은빛의 하늘의 수놓은 천을 갖고, 밤과 낮과 어스름의 파랗고 희미하고 어두운 천"을 갖고 있다면 사랑하는 연인의 "발 앞에 깔아드리겠다"고 말하며, 자신이 부자라면 이 모든 세상과 그 보물을 주겠다고 말한다. 그러나 시인은 가난한 사람으로서 갖고 있는 것 중에서 가치가 있는 자신의 꿈만을 연인의 "발 앞에 깔아드리겠다"고 한 후 연인이 섬세하고 상처입기 쉬운 자신의 꿈을 밟는 것이기 때문에 "부드럽게 밟으라"고 말한다.

44. "Piano"

D. H. Lawrence

SOFTLY, in the dusk, a woman is singing to me;
Taking me back down the vista of years, till I see
A child sitting under the piano, in the boom of the tingling strings
And pressing the small, poised feet of a mother who smiles as she sings.

In spite of myself, the insidious mastery of song
Betrays me back, till the heart of me weeps to belong
To the old Sunday evenings at home, with winter outside
And hymns in the cosy parlour, the tinkling piano our guide.

So now it is vain for the singer to burst into clamour
With the great black piano appassionato. The glamour
Of childish days is upon me, my manhood is cast
Down in the flood of remembrance, I weep like a child for the past.

44. 피아노

David Herbert Lawrence(1885 - 1930)는 소설가이자 시인으로서, 그의 작품들은 현대 산업 문명의 비인간적인 영향에 대한 성찰을 다루고 있다. Lawrence's writing explores issues such as sexuality, emotional health, vitality, spontaneity, and instinct. 그는 Sons and Lovers, The Rainbow, Women in Love Lady Chatterley's Lover와 같은 소설에서 성, 정서적 건강, 생명력, 무의식, 본능과 같은 문제를 탐색했다. E. M. Forster는 Lawrence의 사망 기사에서 그를 "우리 세대의 가장 위대한 상상력이 뛰어난 소설가"라고 평가했고, 문학비평가 F. R. Leavis는 그의 "예술적인 완전무결함과 도덕적 진지함"을 모두 옹호했다.

"Piano"의 1연에서 현재 "부드럽게, 어둠 속에서" 피아노를 연주하며 노래를 부르는 한 여인은 시인을 "세월의 가로수길 아래로 데리고 가서" 어린 시절 "피아노 아래 앉아있는 한 소년"을 상기시킨다. 진동하는 현의 울림 속에서, "노래 부를 때 웃고 있는 어머니의 작고 균형 잡힌 발을 누르는" 자신을 회상하는 것은 시인을 즐거운 시간으로 돌아가도록 만든다.

2연에서 시인은 자신도 모르게, 어머니가 불렀던 "노래의 음흉스러운 숙달"은 자신의 옛 모습을 드러내고, 결국 시인의 마음은 밖은 겨울이고, 아늑한 응접실에서 찬송가, 땅땅치는 우리의 피아노가 우리의 안내자"였던 고향의 옛날 일요일 저녁으로 돌아가기 위해 눈물흘린다.

3연에서 시인은 그래서 이제 그 노래하는 여인이 "크고 검은 피아노"와 함께 정열적으로 크게 외치는 것이 헛된 일이라고 생각한다. "어린 시절의 아름다움"이 시인에게 다가와, 그의 성년이 "기억의 홍수 속에 던져져", 시인은 과거를 회상하며 어린아이처럼 운다. 시인에게 어린 시절 피아노를 치며 노래부르던 어머니에 대한 기억은 어린 시절과 기억 속의 사람들을 상실한 것으로 인해 고통을 가져다준다.

45. Loveliest of Trees

A. E. Housman

Loveliest of trees, the cherry now
Is hung with bloom along the bough,
And stands about the woodland ride
Wearing white for Eastertide.

Now, of my threescore years and ten,
Twenty will not come again,
And take from seventy springs a score,
It only leaves me fifty more.

And since to look at things in bloom
Fifty springs are little room,
About the woodlands I will go
To see the cherry hung with snow.

45. 나무 중에서 가장 사랑스러운

A. E. Housman

Alfred Edward Housman(1859-1936)은 일반적으로 A. E. Housman으로 알려져 있으며, 동시대 최고의 고전 학자이자 시인으로 University College London과 그후 University of Cambridge의 라틴어 교수로 임명되었다.

1연에서 시인은 "나무 중에서 가장 사랑스러운 벚나무"는 지금 가지를 따라 만발한 꽃이 피고, 마치 부활절에 아름다운 처녀가 흰 옷을 입는 것처럼 "부활절을 위해 흰 옷을 입고" 수풀 속에 있는 승마길 옆에 서있다.

2연에서 현재 20세인 시인은 "나의 칠십 년 중에서 이십 년은 다시 돌아오지 않을 것"이라고 생각하는데, 그는 성경에서 말한 인간의 평균 수명인 70세를 살 수 있다고 생각한다.

3연에서 벚꽃의 아름다움에 매혹된 시인은 50년이라는 시간을 즐기면서 만족하기에는 "오십 번의 봄이 작은 공간일 뿐" 충분치 않다고 생각한다. 따라서 시인은 수풀 있는 곳으로 가서 "눈처럼 매달려있는 벚꽃을 보아야겠다"고 노래한다. 그는 20년을 벌써 보냈고 앞으로 할 수 있는 동안 활짝핀 벚꽃을 감상하겠다고 생각하기 때문에, 이 시는 'carpe diem'의 사상을 담고 있다고 말할 수 있다.

46. "Leisure"

W. H. Davies

What is this life if, full of care,
We have no time to stand and stare?—

No time to stand beneath the boughs,
And stare as long as sheep and cows:

No time to see, when woods we pass,
Where squirrels hide their nuts in grass:

No time to see, in broad daylight,
Streams full of stars, like skies at night:

No time to turn at Beauty's glance,
And watch her feet, how they can dance:

No time to wait till her mouth can
Enrich that smile her eyes began?

A poor life this if, full of care,
We have no time to stand and stare.

46. 한가한 시간

William Henry Davies(1871-1940)는 웨일즈 태생의 시인이자 작가로 영국과 미국에서 부랑자로 많은 시간을 보냈지만 당시 가장 인기있는 시인 중 한 사람이었다. 그의 작품의 주요 주제는 삶의 고난에 대한 관찰, 인간의 상태가 자연에 반영되는 방식, 그의 힘든 모험, 자신이 만난 인물 등이다.

"Leisure"에서 시인은 만약 우리가 근심에 가득차서 "가던 길 멈춰서서 바라볼 시간이 없다면, 나뭇가지 아래 서서 양이나 소만큼 오래도록 바라볼 시간이 없다면, 숲을 지날 때 다람쥐가 개암을 풀 속에 숨기는 곳을 바라볼 시간이 없다면, 환한 대낮에 밤의 별처럼 별들이 가득한 새냇물을 바라볼 시간이 없다면, 아름다운 여자의 눈길, 그리고 그 발이 어떻게 춤출 수 있는지를 바라볼 시간이 없다면, 그녀의 눈가에서 시작한 그 미소를 그녀의 입이 풍요롭게 할 때까지 기다릴 시간이 없다면" 이러한 삶은 무엇인가 묻고 불쌍한 삶이라고 답한다.

47. "Come, live with me and be my love"

Cecil Day Lewis

Come, live with me and be my love,
And we will all the pleasures prove
Of peace and plenty, bed and board,
That chance employment may afford.

I'll handle dainties on the docks
And thou shalt read of summer frocks:
At evening by the sour canals
We'll hope to hear some madrigals.

Care on thy maiden brow shall put
A wreath of wrinkles, and thy foot
Be shod with pain: not silken dress
But toil shall tire thy loveliness.

Hunger shall make thy modest zone
And cheat fond death of all but bone –
If these delight thy mind may move,
Then live with me and be my love.

47. 와서 함께 살며 연인이 되어주오

Cecil Day Lewis(1904-72)는 C. Day Lewis라고 쓰여지기도 하는 Anglo-Irish 시인으로서, 1968년부터 1972년 사망할 때까지 계관 시인이었다.

1연에서 시인은 연인에게 "와서 함께 살며 연인이 되어주오"라고 초대하고, 자신의 구애를 받아들이면 두 사람이 함께 "평화와 풍요, 잠자리와 식사의 모든 즐거움"을 경험하고 즐길 수 있다고 제안한다. 그런데, 여기서 "그러한 우연한 일이 제공해줄 수 있는"이라는 구절은 아마도 두 사람이 일거리가 없는 상태라는 것을 암시하는 것처럼 보인다. 그들이 누리게 될 평화와 풍요는 앞으로 그들이 우연히 일할 기회를 갖게 된다면 그 일을 해서 얻게 될 것이다.

2연에서 시인은 연인이 자신의 구애를 받아들이면 "부두에서 맛좋은 것을 다룰 것이고, 여름 드레스에 대해 읽어서 알 것이고, 저녁에는 불쾌한 운하가에서 짧은 연가를 듣기를 희망할 것이다"라며 그들이 누리게 될 즐거움에 내해 언급하는데, 부둣가에 나가서 저녁 식사를 하려고 하지만 불쾌한 냄새가 나고, 연인은 집지에서나 볼 수 있는 여름 드레스를 살 수 없기 때문에 단지 그것에 관한 글을 읽을 뿐이고, 그들이 노래를 듣기 위해 냄새나는 운하를 걷게 될 것이다.

3연에서 시인은 "연인의 이마에 있는 근심이 주름의 화환을 씌워줄 것이고, 발은 고통을 신을 것이다"라는 구절은 그녀가 구애를 받아들이면 시인을 돌봐주기 위해 외모 마저 바뀔 것을 암시한다. 또한 "비단 드레스가 아니라, 고통이 당신의 사랑스러움을 지치게 한다"고 말하며, 연인이 힘들게 일해야 하기 때문에 지치고 아름다움도 잃게 될 것이라고 부연한다.

4연에서 시인은 "배고픔이 연인의 알맞은 곳이 되고"라고 말하는데, 시인은 그들이 항상 먹을 것을 갖고 있지 않기 때문에 벨트를 두를 수 있는 허리가 가늘어질 것이라고 말하는 대신에 적절할 것이라는 완곡어법을 사용하고 있다. 또한 "다정한 죽음에게서 **뼈**를 제외한 모든 것을 빼앗을 것이다"라고 말하는 것은, 마치 죽음이 그들을 힘든 삶에서 구원해준다는 의미에서 다정하다고 묘사했으며, 언젠가 연인이 죽을 때 너무 말라서 심지어 죽음도 속았다고 느낄 것이며 **뼈**만 가져갈 것이라는 의미를 담고 있다. 시인은 자신의 계획이 이러한 상태에서도 연인의 마음을 감동시킨다면 자신의 구애를 받아달라는 제안을 반복한다.

48. "Musée des Beaux Arts"

W. H. Auden

About suffering they were never wrong,
The Old Masters: how well they understood
Its human position; how it takes place
While someone else is eating or opening a window or just
walking dully along;
How, when the aged are reverently, passionately waiting
For the miraculous birth, there always must be
Children who did not specially want it to happen, skating
On a pond at the edge of the wood:
They never forgot
That even the dreadful martyrdom must run its course
Anyhow in a corner, some untidy spot
Where the dogs go on with their doggy life and the torturer's
horse
Scratches its innocent behind on a tree.

In Brueghel's Icarus, for instance: how everything turns away
Quite leisurely from the disaster; the plowman may
Have heard the splash, the forsaken cry,
But for him it was not an important failure; the sun shone
As it had to on the white legs disappearing into the green
Water; and the expensive delicate ship that must have seen
something amazing, a boy falling out of sky,
Had somewhere to get to and sailed calmly on.

48. 미술 박물관

W. H. Auden(1907-1973)은 중산층 가정에 자랐으며 옥스퍼드 대학에서 문학 활동을 시작했으며, 1939년 미국으로 이주하여 1946년 영국 시민권을 유지하면서 미국 시민이 되었다. 시, 평론, 극작을 통해 문학, 정치, 심리학, 종교 등 동시대의 문제를 다작했으며 1930년대 후반 부터는 종교에 관심을 갖었다.

"Musée des Beaux Arts"라는 시 제목을 영어로 옮기면 "Museum of Fine Arts"로서, 벨기에의 브뤼셀에 있는 미술 박물관이다. Auden은 이 미술관을 방문한 후인 1938년 12월에 이 시를 썼으며, 갤러리를 걸으며 19세기 이전의 유명한 화가들의 다양한 그림들을 보고 "고통에 대한 인간적 위치" 즉 무관심을 전달하는 대가들의 능력에 감탄한다. 특히 "이카로스의 추락"이라는 역사적인 대사건과 같은 "고통"스러운 일이 일어날 때도 다른 사람들은 일상적인 삶을 살아가고 있다.

1연에서 시인은 옛날의 대가들은 "고통에 대해서 그들은 결코 틀리지 않았다"고 시작하며, 그들은 "그 고통의 인간적 위치"를 이해하고 있었고, 그리고 "다른 사람들이 먹고 있거나 창문을 열거나 아니면 지루하게 그냥 걸어가고 있을 때, 어떻게 그 고통이 일어나는지"를 이해하고 있었다고 말한다. "나이든 사람들이 경건하고 열렬하게 기적적인 탄생"을 기다리고 있을 때, "숲의 가장자리에 있는 연못에서 스케이트를 타면서 그런 일이 일어나는 것을 특별히 바라지 않는 어린아이들"이 어떻게 항상 항상 있어야 하는지를 그들은 잘 이해했다. 그들은 가장 극단적인 고통이라고 할 수 있는 "무서운 순교조차도 그 경로를 거쳐야만 한다"는 것을 결코 잊지 않았다, 즉 "어쨌든 구석에서, 어떤 지저분한 장소"라는 일상의 삶과 더불어 존재한다는 것이다. 또한 "개들이 그들의 개 같은 삶을 살아가고" 순교자를 "고문하는 사람의 말이 죄 없는 엉덩이를 나무에 긁어대는 곳"을 지나가야 한다는 것은 순교와 일상이 대조적인 것 같지만 공존하고 있음을 보여준다.

2연에서 시인은 예를 들어, Pieter Breughel the Elder의 *Landscape with the Fall of Icarus* 그림에서 Icarus가 추락하는 큰 사건에 대해 "어떻게 모든 것이 그 재앙을 아주 한가롭게 외면하고 있는지"를 보여준다고 말하며, 농부, 태양, 항해하는 배도 일상을 그대로 유지하는 모습을 보여준다. "농부는 아마도 "그 풍덩하는 소리, 버림받은 외침"을 들었겠지만, 그에게 그것은 중요한 실패는 아니고, 또 마치 태양이 "푸른 물속으로 사라지는 그 하얀 다리 위에 비친 것"처럼 태양은 평상시처럼 비쳤고, 그리고 호화롭고 우아한 배는 "놀랄만한 어떤 일, 즉 하늘에서 떨어지는 한 소년"을 보았음에 틀림없지만 "어딘가에 도착할 곳이 있어서 조용히 항해를 계속하고 있었다"고 묘사한다.

49. "The Force That Through the Green Fuse Drivers the Flower"

Dylan Thomas

The force that through the green fuse drives the flower
Drives my green age; that blasts the roots of trees
Is my destroyer.
And I am dumb to tell the crooked rose
My youth is bent by the same wintry fever.

The force that drives the water through the rocks
Drives my red blood; that dries the mouthing streams
Turns mine to wax.
And I am dumb to mouth unto my veins
How at the mountain spring the same mouth sucks.

The hand that whirls the water in the pool
Stirs the quicksand; that ropes the blowing wind
Hauls my shroud sail.
And I am dumb to tell the hanging man
How of my clay is made the hangman's lime.
And I am dumb to tell the hanging man

The lips of time leech to the fountain head;
Love drips and gathers, but the fallen blood
Shall calm her sores.
And I am dumb to tell a weather's wind
How time has ticked a heaven round the stars.

And I am dumb to tell the lover's tomb
How at my sheet goes the same crooked worm.

49. 푸른 도화선을 통해 꽃을 몰아가는 그 힘

Dylan Thomas(1914-1953)는 웨일스 태생의 시인이자 작가로서, 20세기 가장 중요한 웨일스 시인 중 한 명으로 인정받았다. 평생동안 인기있는 시인이었으나 작가로서 생계를 유지하는 것이 어려웠고, 39세에 사망했다.
1연에서 시인은 "푸른 도화선을 통해 꽃을 몰아가는 그 힘이 나의 푸른 나이도 몰고 간다.
나무의 뿌리를 시들게 하는 그 힘이 나의 파괴자"라고 말하며, 자연의 창조하는 힘이 인간의 생명력이고, 자연의 파괴하는 힘이 인간을 파괴하는 힘이라는 것이다. 첫 세 줄은 인간을 둘러싼 창조적이고 파괴적인 힘을 대조적으로 보여준다. "구부러진 장미에게 내 청춘이 똑같은 겨울 열병에 의해 굽었다고 말할 필요조차 없다"는 의미 역시 앞에서 언급한 인간과 자연의 관계를 반복한다. 꽃과 같이 민감한 식물 속에 또렷하게 보이는 똑같은 에너지가 인간에게도 존재하며, 삶과 파괴를 가져다주는 이 힘 때문에 인간과 자연은 하나이고 같다고 할 수 있다.
2연에서 "바위들 사이로 물을 몰고 가는 그 힘이 나의 붉은 피를 몰아간다. 하구의 강물을 말리는 마르게 하는 그 힘이 나의 붉은 피를 왁스로 만들어 버린다"라는 표현에서 시인은 자연에서 성장하게 만드는 힘이 인간을 성장하게 만드는 똑같은 힘이라고 생각한다. 그리고 "나는 내 핏줄에게 어떻게 똑같은 입이 그 산의 샘물을 빨고 있는지를 크게 외칠 필요조차 없다"고 말하며 생명과 죽음의 주제를 반복한다.
3연에서 시인은 "웅덩이의 물을 소용돌이치게 하는 그 손이 모래수렁을 휘젓는다. 부는 바람을 밧줄로 매는 그 손이 나의 수의 돛을 끌어당긴다"라고 말하며 인간의 힘과 자연의 힘이 같다고 생각한다. 그는 밧줄, 바람, 수의 돛이 마지막 항해의 이미지를 불러일으키는 바다로 독자를 이끌고 간다. 나는 "교수형 당하는 사람에게 어떻게 사형집행인의 생석회가 내 흙으로 만들어진다는 것을 말할 필요조차 없다"고 말하며 생과 사가 같다는 주제를 반복한다.
4연에서 시인은 "시간의 입술은 수원을 거머리처럼 빨고 있다. 사랑은 방울져서 떨어지고 모이지만, 떨어진 피는 사랑의 상처를 진정시켜 줄 것이다"라고 말하며 시간이 피를 빨고 파괴하지만, 그 피가 상처를 치료한다는 것이다. 또한 그는 "나는 어떻게 시간이 별들 주위로 하늘을 째각 째각 도는지를 변화무쌍한 바람에게 말할 필요조차 없다"라고 말하는데, 시인의 비전은 시간을 통해 우주로 넓어지며, 시간이 갖는 파괴적인 속성과 영원한 속성을 보여준다.
5연에서 시인은 "나는 연인의 무덤에게 어떻게 나의 시트에 똑같은 굽은 벌레가 기어가는지를 말할 필요조차 없다"고 마무리하는데, 연인은 죽어있고, 나는 살아있지만 똑같은 굽은 벌레가 기어가는 것은 결국 삶과 죽음이 같다는 주제를 반복한다.

50. "The Thought-Fox"

Ted Hughes

I imagine this midnight moment's forest:
Something else is alive
Beside the clock's loneliness
And this blank page where my fingers move.

Through the window I see no star:
Something more near
Though deeper within darkness
Is entering the loneliness:

Cold, delicately as the dark snow
A fox's nose touches twig, leaf;
Two eyes serve a movement, that now
And again now, and now, and now

50. 시상-여우

Ted Hughes(1930 – 1998)는 시인이자 번역가로서 많은 비평가들은 그를 20세기 최고의 동시인중 한 명이라고 평가한다. 합니다. 그는 1984년에 계관 시인으로 임명되어 죽을 때까지 그 직을 유지했다. 그는 2008년 The Times에서 발표한 "1945년 이래 가장 위대한 영국 작가 50인"의 목록에서 4위에 선정된 바 있다. 그는 1956년 미국 시인 Sylvia Plath 와 결혼했으며, 그녀는 1963년 30세의 나이로 자살했다.

이 시의 1연에서 시인은 "이 한밤중 순간의 숲을 상상"하고, 시간이 정지된 상태에서 "시계의 외로움과 내 손가락이 움직이는 이 백지 곁에" 다른 무엇인가가 살아있다고 생각한다. 그는 외로움과 어둠 속에 삶의 과정이 있다고 생각하고 시를 쓰려고 하지만 살아있는 무엇을 느끼고 싶어한다.

2연에서 시인은 창문을 통해 시상을 떠올릴 있는 어떤 별도 보지 못한다. 그러나 그는 별보다 "더 가까이 어떤 것이 어둠 속에서 더 깊기는 하지만 외로움 속으로 들어오고 있다"고 말하며 어떤 알 수 없는 존재가 다가오고 있다고 생각한다.

3연에서 시인은 무엇인가 나타날 것 같지만 확실하지는 않다. 그는 "어둠 속에서 내리는 눈처럼 차갑고 부드럽게" 한 마리의 여우의 코가 상상의 숲에 있는 "잔가지와 잎에 닿는 것"을 본다. 어둠 속의 눈은 텅 빈 종이라고 할 수 있으며, 여우의 두 눈이 움직임을 알려준다는 것은 여우가 두 눈으로 살펴보며 앞으로 나아가는 동작을 의미하며 이제 시적인 에너지가 발산되려고 한다.

Sets neat prints into the snow
Between trees, and warily a lame
Shadow lags by stump and in hollow
Of a body that is bold to come

Across clearings, an eye,
A widening deepening greenness,
Brilliantly, concentratedly,
Coming about its own business

Till, with a sudden sharp hot stink of fox
It enters the dark hole of the head.
The window is starless still; the clock ticks,
The page is printed.

4연에서 시인은 여우의 두 눈이 "나무들 사이 눈 속에 산뜻한 발자국을 만들어내고, 공터를 가로질러 대담하게 온 몸의 절름거리는 그림자가 그루터기 근처에 움푹 파인 곳에서 조심스럽게 꾸물거린다"라고 묘사하며 조심스럽게 움직인 여우의 그림자는 시적인 의심이라고 볼 수 있다. 여우는 눈덮인 숲에서 천천히 조심스럽게 나아가다가 대담하고 본능적으로 움직인다.

5연에서 시인은 여우의 눈 하나가 "넓어지고 깊어지는 녹색이 되어 눈부시게 집중해서 자기 자신의 임무를 다하며"라고 묘사하며 시인의 마음과 손가락이 상상 속의 재료로부터 시를 만들어내고, 의인화된 여우는 숲으로 변형된다.

6연에서 시인은 "갑자기 예리하게 코를 찌르는 여우의 냄새를 피우며" 여우 한 마리가 "머리의 어두운 구멍 속에 들어간다"고 묘사하며 시인의 감각이 살아나면서 그의 비전이 마침내 종이에 이루어졌음을 암시한다. 여전히 창문에 별이 없지만, "시계는 똑딱거리고 종이가 프린트되었다"라고 말하며 시가 쓰여졌음을 알려준다. Ted Hughes가 시적인 충동으로서 여우를 선택한 것은 자신의 마음에 가장 가까운 생명체이기 때문인 것으로 보인다.

아름다운 영미시 산책

펴낸날 초판 1쇄 발행/ 2021년 2월 27일

지은이 이종문
펴낸이 원병철
펴낸곳 장원문화인쇄
주 소 인천 미추홀구 숭의동 346-3번지
전 화 032-881-4944, 032-428-0070
팩 스 032-881-3237

정가 : 14,000원
ISBN 979-11-960973-9-4